Einaudi Stile libero Noir

Dello stesso autore nel catalogo Einaudi

Romanzo criminale

Giancarlo De Cataldo
Teneri assassini

Einaudi

Questo libro è stato stampato su carta ecosostenibile Cyclus Offset, prodotta
dalla cartiera danese Dalum Papir A/S con fibre riciclate e sbiancate senza uso di cloro.
Per maggiori informazioni: www.greepeace.it/scrittori

www.einaudi.it

ISBN 978-88-06-17981-6

Teneri assassini

Un ringraziamento particolare a Severino, Paolo e Valentina.

Our interest's on the dangerous edge of things
the honest thief, the tender murderer
the superstitious atheist, demi-rep
that loves and saves her soul in new French books...
we watch while these in equilibrium keep
the giddy line midway.

È l'ambiguo confine delle cose che ci attrae
il ladro onesto, il tenero assassino
l'ateo superstizioso, la donna perduta
che l'anima riscatta amando nei romanzi francesi
                                    alla moda
li guardiamo mantenere un incerto equilibrio
tra il filo sospeso e la caduta.

ROBERT BROWNING, *Bishop Blougram's Apology*

Who's the monster?

I.

And you're looking for your freedom / running on your lazy freeway / you're my baby baby baby / and I'll always be with you.

Contromano sul motorino della sorella, gli occhi spruzzati di lacrime, Serena canta forte *Lazy Freeway*, la canzone che le ha fatto conoscere i Freewilly's.

I versi del ritornello le scoppiano nel cervello mentre schiva un tassista incarognito, e cerca di convincersi che no, quelli della radio sbagliano, non è successo, non può essere vero.

Ma quando arriva al Naked Lunch e le vede tutte schierate davanti alle saracinesche abbassate del loro tempio, quando si accorge che tutti quei volti tristi e quelle guance rigate di pianto rispecchiano la sua tristezza, allora Serena capisce che tutto è finito, e non c'è piú speranza.

La radio non mente: i Freewilly's si sono sciolti.

Dopo un attimo di esitazione, si lascia inghiottire dal gruppo. È tutto uno scambiarsi abbracci, lamenti, sorrisi forzati, strette di mano fasulle.

C'è Vittoria, che singhiozza su una spalla di Teresa, e Luce, schizzatissima, che se la prende con i vecchi di merda che odiano la gioventú. Barbara s'è portata appresso il fratellino che ride e non capisce, e ce ne sono certe che nessuno ha mai visto prima, con il trucco esagerato e l'accento pesante delle periferie. In un altro momento le guarderebbero male, ma oggi non ci si fa caso: il dolore è lo stesso, è piú forte di tutto.

– Non avete capito un cazzo! Non si sono sciolti, –
urla Luce – li hanno fatti fuori quei vecchi di merda!
E i giornalisti, con quelle storie sulla droga! Li hanno
uccisi loro. E sapete perché? Perché li odiano!

Serena si mette alle spalle di una nuova che ha un
bell'album di fotografie. Le immagini cominciano a sfilare, e la commozione le invade. Altre si aggregano. Le
voci si accavallano, sognanti, eccitate.

– I Freewilly's sono i piú bei ragazzi del mondo!

– Il piú forte è Rufus, con quelle fossette, e lo sguardo da lupo!

– E non è gay, sapete? Tutta invidia!

– Tu come fai a saperlo?

– Certe cose si sentono, bella mia!

– Io preferisco Wayne. È un capo!

– Vi ricordate a giugno, a San Sebastian? Quando
ha litigato con Shorty e se n'è andato nel backstage tutto incazzato?

– Perché? Che era successo?

– Ah, ma non sai niente! Shorty s'è buttato giú dal
palco, è finito dritto addosso a quelle della prima fila...

– E Wayne s'è incazzato! Si vede che già allora le
cose andavano male tra loro...

– Tutta colpa di Alan. È proprio un tossico perso!

– Ma chi l'ha detto!

– C'era sul giornale! Sta sempre a disintossicarsi, forse è per questo che i Freewilly's...

– Io una volta ho fatto un sogno. Stavamo su una bar-
ca, io e Donnie B. Good, e poi c'erano onde alte, e fa-
cevamo naufragio, e cosí siamo finiti su un'isola deserta, io e Donnie B. Good, e poi sentivamo dire che il mondo era finito, e noi due, io e Donnie B. Good, eravamo
gli unici sopravvissuti... La mattina mi sono risvegliata
cosí incazzata... perché non era vero niente, capite?

– Beh, ma lo capisci che non ci sono piú, ormai?

– No, siete voi che non capite! Loro ci saranno
sempre, sempre...

È Luce che torna alla carica: i Freewilly's non si sono sciolti, li hanno fatti fuori! Ha gli occhi piccoli e in-
fiammati, è coperta di sudore, e va dall'una all'altra fa-

cendo volare fotografie e pins, e a tutte urla il suo messaggio: li hanno uccisi, è un complotto!

Chissà che s'è sparata stasera Luce, pensa Serena,
come quella volta che i Freewilly's sono scesi al Palasport, e loro tutte in prima fila, a bivaccare dalla notte prima, e Luce distribuiva le pillole magiche che ti facevano saltare il cuore nelle orecchie, e qualcuno a un
certo punto ha lanciato sul palco una rosa rossa, e Donnie s'è tolto la maglietta e l'ha lasciata cadere giú, e Luce l'ha presa al volo, e il pomeriggio sono andate insieme dal rasta di Monte Mario a farsi tatuare una piccola orca, il simbolo dei Freewilly's, in un posto che
nessuno può scoprire...

Intanto, quella dell'album ha deciso di vendere le
fotografie. Serena è lí che contratta per un'istantanea
con i ragazzi sullo sfondo di una spiaggia di palme e negri quando qualcuno gliela sfila di mano.

– Questa l'hanno scattata nel teatro di posa a Londra, nelle pause del concerto di marzo.

Sembra un vecchio, deve avere almeno cinquant'anni, forse è un padre infiltrato. Le ragazze lo guardano
male, ma lui si mette a discutere come se niente fosse
dei Freewilly's, sa persino i loro nomi, è in grado perfettamente di indicarli, con l'indice mostra un piccolo
segno sulla spalla di Wayne: la cicatrice, spiega, che si
è fatto cadendo dalla moto mentre correva a duecento
all'ora con Pamela, la sua fidanzata, che è inglese e mezza cinese, fa la modella e si prepara ad esordire sul grande schermo in un film d'avventura. Ma come fa a sapere queste cose 'sto vecchio?

– Guarda che lo sappiamo che non hanno fatto il concerto in Giamaica, – lo affronta Luce – ora cosa vuoi farci credere, che non ci sono nemmeno andati in vacanza?

L'intruso si stringe nelle spalle, con un bel sorriso.

– Magari ci sono andati per i fatti loro, ma non quando hanno fatto queste foto. Erano a Londra.

– E tu come fai a saperlo?

– Io ero con loro.

II.

Si chiama Michele Tamburrano, Mico, per gli amici, e lavora nell'industria discografica. Conosce tutti, dal primo manager all'ultimo elettricista. È il contatto di Wayne in Italia. È stato davvero un caso fortunato, questo incontro: Mico è solo di passaggio, per il lancio di un altro gruppo, i Passengers.

– Mai sentiti nominare, – lo gela Luce.

– Davvero? Beh, ragazze, sono fenomenali! Tra un po' non si parlerà d'altro, fidatevi!

Dieci minuti dopo Serena, Luce e quella delle fotografie lo seguono a bordo di un grosso furgone monovolume. È bastato che Mico dicesse:

– Con questo ci ho portato in giro i ragazzi quando sono venuti a suonare al Palasport.

Vagano per un po' senza meta. Mico propone un gelato. Luce lo tempesta di domande: davvero li conosce? E li ha portati in giro proprio su questo furgone?

– Wayne era seduto accanto a me, vicino al posto di guida, sapete com'è Wayne, lui è uno che deve sempre tenere la situazione sotto controllo...

– Vero, – ammette Luce.

– E qui, – riprende Mico – dove adesso c'è... Come ti chiami?

– Serena.

– Serena, – ripete lui, e si volta a guardarla, e Serena si lascia invadere da una strana emozione – Serena... Beh, dove c'è Serena c'era Alan... quella sera era un po' fatto...

– Ma allora è vero che si fa! – salta su quella delle foto.

– Sí, ma solo un poco pochino, – precisa Mico, e poi aggiunge che però Alan è un bravo ragazzo.

Luce e quella della foto si scatenano in un'eccitata discussione sul significato delle parole «bravo» e «ragazzo». Serena tace. Di tanto in tanto, Mico lancia un'occhiata nello specchietto e le sorride.

Al «Mago del Gelato» si scambiano i numeri telefonici. Mico è diventato triste all'improvviso. Le ragazze non stanno zitte un attimo. Mico prende a fissare Serena come se guardasse una star, tipo Madonna. Serena se lo sente addosso, quello sguardo, e arrossisce.

Ma poi, piú tardi, Mico scarica Luce e Serena davanti al Naked Lunch e se ne va con quella delle foto.

– Che te ne pare? – chiede Luce.

– Ha la stessa età di mio padre!

– E che ti frega? – s'inalbera Luce, guardandola strano. – Tuo padre è tuo padre, e lui è Mico. È uno come noi.

III.

Mico la convoca dopo una settimana al Naked Lunch. La telefonata è secca, il tono invitante: promette grosse novità.

Si presenta con una tipa sui venticinque, tutta tette e broncio, una certa Alice, ballerina di un programma che impazza sulla Rai, e una Toyota Corolla.

– La Testarossa è in riparazione, – si giustifica.

Serena siede dietro. Mico guida con grande sicurezza, Alice è accanto a lui, le ragazze non si parlano e non si guardano, questa Alice ha un profumo pungente, esagerato, di tanto in tanto Mico le accarezza distrattamente una coscia, e lei lascia fare, sempre imbronciata, è di quelle che hanno qualche odore naturale da coprire, pensa Serena.

– Anche Shorty ha una Ferrari, – dice Mico dopo un po', quando sono sulla tangenziale diretti all'Eur – blu notte, un modello speciale. Lo sapevi che tu puoi chiedere al signor Ferrari un modello speciale e un colore speciale e quello ti accontenta? Basta pagare!

– E che cosa non si può avere pagando! – sospira Alice.

Poi finalmente la tettona saluta la compagnia e si infila sculettando in un anonimo portone. Serena va a sedersi accanto a Mico.

– Hai un buon profumo, – dice lui – acqua e sapone... Andiamo a bere qualcosa, ti va?

Nel locale, che si chiama Blue Parrot, cioè Pappagallo Azzurro, Mico è conosciuto. Con una mancia e un «dammi-il-cinque» al buttafuori passano davanti a una fila di coatti che rumoreggiano, approdando a un tavolino dietro un separé. Mico prende un whisky con acqua e ghiaccio e la ragazza una Coca Cola Light con la cannuccia.

Serena si guarda intorno: l'età media è un po' alta, ma c'è anche qualche faccia conosciuta, ragazze viste ai concerti o davanti al Naked Lunch, pochi ballano sulla piccola pedana sotto le luci intermittenti, c'è un certo andirivieni dal cesso, nel complesso un mortorio.

– Sei pronta, Serena?

– A che?

– Tieniti forte, sto per dirti una cosa sensazionale.

– Sarebbe?

– I Freewilly's non si sciolgono.

E Serena entra nel sogno:

(...) lui è amico di Wayne, si danno del tu, lui parla l'inglese come un dio, ecco Mico che lo blocca all'uscita dal teatro, hi, Mico, hi, Wayne, che cos'è questa stronzata che vi separate, tranquillo, amico, è solo una trovata pubblicitaria, si sta via un paio di mesi, intanto la temperatura emotiva cresce, e quando siete tutte calde calde, ma calde calde come piace a noi, uau, annuncio a sorpresa, i Freewilly's si rimettono insieme, ti confido un piccolo segreto perché mi stai simpatico, Mico, di' pure, Wayne, sta' sicuro che saprò tenere la bocca chiusa, abbiamo già la data e lo stadio, ma non mi dire, Wayne, se te lo sto dicendo, Mico, il sette settembre a Wembley, e questa volta ti voglio sul palco, insieme a noi, e già che ti trovi porta qualche amichetta, tu sai che voglio dire (...).

IV.

Serena ha un biglietto da visita con annotato dietro
il nome dell'albergo, Majestic, e il numero di telefono.
Chiama alle tre di pomeriggio, quando in casa tutti dor-
mono. Risponde un portiere, prova un moto di vergo-
gna e mette giú.

Ma richiama subito dopo, rossa, confusa, balbet-
tante. Si fa passare la stanza di Mico. Non c'è. Segue
un pomeriggio di studio svogliato. Ha bisogno di confidarsi con qualcuno. Chiama Luce. Non c'è. Depres-
sione. Mondo in grigio.

Poi Mico telefona e l'arcobaleno esplode.

Mico divora un'ostrica dopo l'altra, Serena pilucca
un hamburger.

– Avvisa i tuoi, è meglio, – suggerisce Mico – tieni,
usa il mio telefonino.

Serena compone il numero.

– Papà? Resto a dormire da Luce.

– Dove sei?

– Sono…

– Sento rumore… dove sei?

– Ma niente, al solito pub, con la comitiva…

– Passami Luce.

Serena tronca la comunicazione. Mico la fissa, teso.

– Facciamo un'altra volta, ti va?

– No. È adesso che mi va.

Serena chiama Luce. Le dice di telefonare a casa.
Le spiega che cosa dire a papà, che la linea è caduta,
che ora lei è andata in bagno e che tra mezz'ora si va
a letto.

– Poi mi richiami per conferma a questo numero…

– Va bene, – sospira Luce – ma poi mi racconti tutto, eh?

Mico sorseggia nervosamente il suo drink ed evita
di guardarla. Serena ha lo stomaco in subbuglio, ma è
decisa ad andare sino in fondo. Finalmente Luce ri-

chiama: è tutto ok, si è dovuta sorbire un pistolotto sui pericoli a cui va incontro l'adolescente italiana media, ma è tutto ok.

– Saliamo, – ordina Mico, alzandosi.

v.

Serena fissa i muri sporchi del palazzotto sulla via Emilia. Mico lavora qui. La fuga è coperta da Luce: vivi la tua avventura, le ha detto, sapessi quanto t'invidio! C'è un signore grasso che la guarda perplesso, dice di chiamarsi Tito e sta per darle un altro indirizzo, poi ci ripensa, afferra un telefono e lo chiama.

– Sarà qui tra dieci minuti.

È una specie di ufficio, ci sono appese alle pareti foto di gruppi e di attori del cinema e delle strane liste, con indirizzi, nomi in codice, prezzi preceduti dal segno della lira o del dollaro. Mico, quando arriva, è in maniche di camicia, sorpreso, un po' rabbuiato.

– Serena! Ma come...

– Ho detto ai miei che passavo il fine settimana da una zia di Luce, qui a Bologna...

Il suo sguardo sfuggente le procura un sottile senso di malessere, ma Mico sfodera un tono rassicurante: è solo che non se l'aspettava, domani deve partire, e così non c'è troppo tempo per stare insieme. Poi si mette a parlare fitto fitto con Tito, che ha una strana piega all'angolo della bocca e un preoccupante sorriso obliquo.

– Voglio vedere la tua casa, – dice Serena, quando sono in strada.

– Porca miseria, Serena, proprio oggi... ci sono gli operai, una ristrutturazione, sai, è un appartamento nuovo, su in collina, vicino Casalecchio, pensa che sto dormendo in albergo...

Così anche l'amore lo fanno nel solito albergo, questo qui è un posto più piccolo, dimesso, ma la stanza è pulita. Mico sembra un po' distratto, la cosa non è esaltante come la prima volta, e anche Serena si sente strana, un po' fuori fase.

Dopo, gli dice che ha deciso di ripartire la sera stessa.

– Prima però ti porto a cena! – ride Mico, quasi rinfrancato.

All'osteria ci sono anche gli amici di Mico.

Bepi, uno dai capelli rossi, Adriano, che è un meridionale tutto scuro e con un'unghia lunga lunga a tutti e due i mignoli, Vlacek, uno slavo che, non fosse che gli manca un dente, avrebbe un bel sorriso, e Tito, a cui tutti si rivolgono con un certo rispetto.

– Questa è mia nipote, – dice Mico.

Tutti guardano la ragazza ridacchiando, e lo slavo gli batte una mano sulla spalla e lo chiama «zio». Tutti lo chiamano «zio», e Serena si sente avvampare.

Piú tardi lui l'accompagna alla stazione.

– Scusali, sono vecchi amici, un po' ruvidi, ma è brava gente.

– Ma io non sono tua nipote, Mico.

– E loro non capirebbero. Però un giorno glielo dico, che stiamo insieme.

Torna a Roma con molta tristezza dentro. La mattina dopo, alle undici, lui le manda un enorme mazzo di rose con un bigliettino: «Sei la cosa piú bella della mia vita».

VI.

Va avanti cosí per due mesi. Serena studia come una pazza per strappare il permesso del viaggio a Londra. La notizia è ormai ufficiale: i Freewilly's si sono rimessi insieme. Ci sarà un grande concerto a Wembley. Le amiche ce l'hanno un po' con lei perché lo sapeva da tanto tempo e ha mantenuto il segreto. Ma non poteva certo tradire la promessa fatta a Mico!

Dalla sera di Bologna lui è stato altre quattro volte a Roma, sempre con una macchina diversa e sempre in un albergo diverso. Le ha scritto: «L'amore tra noi è come una rosa dai petali infiniti che possono essere sfogliati mille e mille volte e sempre ce ne saranno di nuovi».

Una volta sono stati a cena con Luce e Vittoria e Diana, quella delle foto. C'era lo slavo, che è stato molto gentile e ha fatto la corte a Vittoria. Anche lui si è scusato per Bologna, e Serena gli ha sorriso. A tutte Mico ha regalato qualcosa, una maglietta, un orso di pelouche, una borsetta, a Serena una spilla d'oro che lei deve stare attenta a nascondere in casa, perché chissà che cosa penserebbe papà se la vedesse.

Due giorni prima del concerto, Mico distribuisce i biglietti: tribuna! Niente fila! Facilissimo scendere sotto il palco!

– E quando saremo lí, non perdiamoci di vista! Perché dopo... vi porto nei camerini!

VII.

(...)

In the day / you're my sun / in the night / you're my moon / baby baby / please come soon / don't you see / don't you see / daddy daddy is in the room... sono lacrime, grida, suoni, è un serpente che ti morde proprio là dove nasce il desiderio, ci si strappano i capelli, volano le magliette, c'è chi si sfila le mutandine e le getta a Shorty, Mico, dov'è Mico, urla Luce, è là, le risponde urlando Serena, lo vedo bene, dietro il palco, ha un cartellino dell'organizzazione, mi fa un cenno, diecimila, ventimila, centomila, siamo qui e non sembra vero, mormora Vittoria, a ondate spingono quelli di dietro, ma vaffanculo, rotea Rufus, vortica Shorty, e Donnie mi sta guardando, fa Luce, guarda, dice Diana, si gira verso Mico, lui gli sorride, e Wayne alza una mano e si accendono nello stadio sotto la pioggia diecimila ventimila centomila candeline e la notte si fa eterna, siamo qui e non sembra verooo, ulula Luce, e si caccia in gola una manciata di pillole, *baby I don't play / when I say / that I love you / please please stay /*

baby don't go / baby please stay / baby it's the magic...
vieni, dice Vittoria, vieni, Serena, Mico sta facendo
cenni disperati dietro il palco, le amiche travolgono
quelli della sicurezza, bracciate, manate, gomitate, cal-
cioni persino, è la pausa prima del bis, e d'improvviso,
come in un incanto, lui è là, Donnie è là, Mico gli indica qualcosa, sono io, rabbrividisce Serena, è me che
sta indicando, e Donnie sorride, si leva una pin dal ba-
vero, la lancia a Serena, lei l'afferra al volo, quelli della sicurezza arrivano dall'altro lato del palco, teste ra-
sate e tatuaggi col teschio, gridano frasi incomprensi-
bili, Donnie si volta verso Wayne, Wayne si stringe
nelle spalle, le ragazze sono sollevate, volano, catapul-
tate sulle teste che si agitano nella prima fila, qualcuno le strappa la maglietta, qualcun altro i pantaloni, ma
la pin Serena ce l'ha ben stretta sul cuore, è il giorno
piú bello della mia vita, grida, Mico, Mico, la band torna a mostrarsi, tutti fischiano, fischi d'entusiasmo, la
dimenticano, la lasciano perdere, *ah ah ah / is a kind of
love / beep beep beep / on the telephone / ci ci ci / and it's
you and me / dee dee dee / never let it be...* Mico, oh, Mico, grazie, grazie per questa serata, grazie per la piú
bella avventura della mia vita.

(...)

VIII.

Il padre entra nella stanza con i capelli arruffati e lo
sguardo allucinato.
– Serena, – dice, però con un tono tranquillo.
– Sí, papà?
Vola uno schiaffo, poi un altro. Serena si copre la
faccia, incredula e frastornata. La madre irrompe nel-
la stanza salmodiando una qualche litania.
– So tutto! So tutto! – urla il padre. – Mia figlia!
Con un uomo della mia età! Un delinquente!
Serena si prende la testa tra le mani e scoppia a pian-
gere. Stava andando tutto cosí bene, maledizione!

È chiusa in casa da una settimana quando il padre
parte per un viaggio di lavoro. La madre le concede un
permesso di due ore. Le amiche si riuniscono per un
triste milkshake. Piove. Sembra uno di quei film in cui
l'angoscia interiore e lo squallore dell'arredo urbano
procedono di pari passo.

– Divieto assoluto di vederlo e anche di sentirlo per
telefono. Mio padre lo ha incontrato, ha minacciato di
denunciarlo e cosí secondo lui è finita.

– Non fa che chiederci di te!

– È cotto!

– E la settimana prossima i ragazzi sono a Roma.

– Per quel programma alla tv.

– Indovina chi cura l'organizzazione?

– Lui, si capisce!

– Ma è vero che non fa parte del management?

– Mio padre dice che è una specie di guardia giurata.

– Una guardia del corpo, forse.

– No, lui fa… insomma, è l'autista di una società che…

– Ha importanza?

– Certo che no! E poi non è mica vero!

– Tutti stronzi, i vecchi, io li odio!

– Cazzo, c'eravamo tutte, a Wembley! Lui e i ragazzi sono una cosa sola! Altro che autista!

– Ce l'hai ancora la pin, Serena?

– Certo! Quello stronzo di mio padre ha fatto una
perquisizione che manco i nazisti, ma ci sono posti dove nemmeno un padre può permettersi di arrivare!

– Brava!

– E vedessi che macchinona aveva l'altro giorno!

– Una Jaguar targata Londra!

– Era una Rolls!

– Una Jaguar, ti dico!

– Beh, Jaguar, Rolls… tanto, di macchine ne ha almeno venti, lui!

– Senti, Serena, per il concerto come si fa?

IX.

Il padre ha letto sul giornale del concerto, e cosí tutti in montagna, per un weekend a Monte Livata, perché, dice la mamma, la montagna fa bene ai depressi.

Adesso finalmente la lasciano libera. Se lunghe passeggiate nei boschi con la neve fradicia si possono chiamare libertà. Almeno può usare il telefono. Chiama Mico. Il cellulare è staccato. C'è un altro numero, quello che lui le ha raccomandato di usare solo in caso di emergenza.

Risponde una donna sospettosa.

– C'è Mico?

– Chi è lei?

– Sono sua nipote.

– Mico non ha nipoti, – ribatte gelida la donna, e sta per abbassare, quando la cornetta le viene strappata di mano. La sua voce è un sussurro affrettato.

– Sentiamoci sul cellulare, tra mezz'ora, ciao.

E cosí lei viene a sapere che Mico ha moglie e figli, altro che divorziato. Come deve soffrire, povero caro! La moglie è malata, quasi paralitica, è fuori di testa, e lui non se la sente di piantarla, anche se è un vero impiastro, una palla al piede, insomma. I figli sono già grandi e se ne fregano.

– Potrai perdonarmi per averti mentito?

– Sí, certo.

Si lasciano con la promessa di trovare un modo sicuro per rivedersi.

Ma quando la telefonata finisce, Serena si accorge per la prima volta del tramonto che incendia le vette dei monti, dell'aria che fa rabbrividire, dei bambini che giocano a palle di neve sotto lo sguardo affettuoso e preoccupato dei genitori, e ha voglia di piangere, ma le lacrime non se la sentono di aiutarla.

C'è una specie di piccolo caffè accogliente dove va a rifugiarsi.

– Ciao, posso sedermi?

– Non ci sono altro posti?

– Questo mi piace di piú. Posso?

– Se ci tieni tanto...

– Ci tengo. Cos'è quella, cioccolata?

– Sí.

– Ne prendo una anch'io. Ruben, cioccolata, per favore, e alla mia amica... a proposito, come ti chiami?

– Serena.

– Piacere, Serena, io sono Andrea. Cosa prendi, Serena?

– Un'altra di questa.

– Due cioccolate, allora, e speciali, Ruben, mi raccomando. Sei di Roma, Serena?

– Sí. E tu?

– No, io sono di qua, ma a Roma ci vivo.

– Lavori?

– Mmm, in una palestra, sono istruttore, diplomato all'Isef, sai cos'è l'Isef?

– No. Cos'è?

– Una scuola dove insegnano a fare a meno della scuola. Buona questa, eh?

Non sa perché si sia sentita immediatamente attratta da questo Andrea. È alto, muscoloso, con i capelli biondi e grandi occhi azzurri, il suo sguardo da lupo ricorda un po' quello di Rufus, ma la somiglianza si ferma qui, lui nemmeno sa chi sono i Freewilly's, quando gliene ha parlato ha fatto: – Chi? – e poi, – Ah, quegli scemi che ballano e manco sanno suonare.

Non sa perché accetta di passeggiare con lui, e gli permette di scortarla sino al residence, e quando le chiede se, dopo cena, si va a ballare in discoteca, lei dice sí d'istinto, anche se sa che dovrà trascinarsi dietro sua sorella Luisa e Rudy, il noiosissimo fidanzato bancario.

x.

Andrea è piaciuto subito a Luisa, e quanto a Rudy, si è scoperto che da ragazzo giocava a rugby, proprio come Andrea. I rugbisti sono come una setta, un clan, con i loro riti e le loro piccole paranoie, un rugbista si riconosce in mezzo a mille, i rugbisti sono tutti fratelli tra loro, un rugbista è uno per tutti e tutti per uno e via dicendo.

– Allora siete come noi, – provoca Serena.

– Come noi chi? – chiede Rudy.

– Come noi «Williers».

– E chi sarebbero queste «Williers»?

– Le ragazze... le fans dei Freewilly's.

– Aaah, – ridacchia Rudy – le «Uilline»!

– Ancora con questi Freewilly's! – sbotta Luisa.

– Per me sono dei coatti, – lascia cadere Andrea.

– Io non ti critico se ti piace il rugby, – sbotta Serena – a te piace il rugby, a me la musica.

– Va bene, scusami, ma c'è musica e musica. Quella dei Freewilly's è proprio una schifezza!

Luisa e Rudy vanno in paranoia: per una battuta del genere Serena è capace di una scenata, tipo rovesciare il tavolino, urlare e tirare graffi, invece Serena sorride e sulla strada del ritorno, approfittando del buio, si lascia persino baciare. Andrea ha un buon odore, sa di neve e di alberi alti e verdi, e le sue mani le attraversano il corpo, s'infilano sotto il pesante maglione.

– Sto con uno, – dice all'improvviso Serena, e lo allontana da sé.

Andrea fa un sorriso buffo.

– Sei innamorata?

– No, sí, non lo so, non capisco piú niente...

– Come ti senti adesso? Qui con me, voglio dire?

– Io? Libera.

Quando lui torna a baciarla, non lo respinge piú.

XI.

Ora lei e Andrea stanno insieme, Mico è solo una pallida ombra. Andrea non è piaciuto a Luce. Sono stati insieme al pub una mezza serata, non hanno fatto altro che

litigare. Non le piace niente di lui. Andrea le ha piantate nel bel mezzo di una discussione sulla musica. Luce
sorseggia la sua birra e scuote la testa, delusa.

– Serena, sei un'idiota. Andrea! Va a finire male, te
lo dico io!

– Ma perché?

– Perché... vi sposate, e lui ti mette incinta. Tu smet-
ti di studiare e passi le tue giornate a pulire il culo al pu-
po. Diventi grassa e insoddisfatta. Lui smette di sco-
parti. E si cerca qualcun'altra. E tu ti ritrovi tale e quale tua madre, mia madre, la madre di Vittoria o quella
di Diana. Una madre, pensa che schifo! Poi un giorno,
mentre stai mettendo ordine in soffitta – perché lui ti
porterà in una casa con la soffitta da mettere in ordine
– un giorno scoprirai un vecchio poster dei Freewilly's
tutto impolverato, ti ricorderai di Rufus e di Donnie e
di Wayne e di Shorty e ti verrà da piangere, e allora
aprirai la finestra e ti butterai di sotto!

Serena torna a casa di malumore.

Sta per mettere la chiave nel portone, quando lui
sbuca dall'ombra e sussurra, piano, dolcemente: – Serena, sei tu, proprio tu! – È un Mico diverso, piú ma-
gro, un tantino scomposto, con i capelli arruffati, un
giaccone trasandato, i jeans larghi e sformati alle ginocchia.

Questo non è il suo Mico. Questo è un vecchio.

– Andartene cosí, cazzo, senza nemmeno una parola, un rigo, una telefonata, devo venirlo a sapere dalle
tue amiche quello che sta succedendo, e che cosa sta
succedendo, poi, certo, certo, vuoi che non lo capisca,
una cosa normalissima, hai conosciuto un ragazzo della tua età e vi siete piaciuti, certo, certo, come non capirlo, però, almeno, avresti dovuto dirmelo, dopo tutto quello che ho fatto per te, sí, sí, le piccole bugie degli innamorati, va bene, che vuoi che ti dica, ti ho
spiegato com'è la mia situazione, quella poi è la madre
dei miei figli, non posso mica dalla sera alla mattina
buongiorno buonasera e addio, ci vuole pazienza per
certe cose, quando stavamo al concerto, in mezzo ai ra-

gazzi, a queste cose non ci pensavi, dettagli, d'altronde io non ti ho mai chiesto niente, abbiamo sempre fatto tutto di comune accordo, secondo me non hai avuto la forza di resistere, ma a tutti, un po' a tutti, ai tuoi,
tuo padre, tuo padre è un energumeno... Sono calmo,
calmissimo, solo che non sta bene lasciar cadere le cose cosí, come quali cose, le cose tra di noi, certo che capisco, prima o poi doveva succedere, e dire che ero venuto a Roma tutto contento, me lo sentivo che ci sa-
remmo rivisti, ti ho portato un regalo.

Serena rigira tra le dita l'anellino, scuote la testa,
glielo restituisce.

– È meglio di no, Mico...

Lui china il capo, e le va vicino, le accarezza i capelli, le prende una mano, la porta alla bocca, la bacia
a lungo, con l'aria straziata.

– Basta, Mico, per favore...

– Allora è proprio finita!

Serena non risponde. Ha freddo. Ha bisogno della
sua stanza, dei suoi oggetti, del calore del suo letto. Invece c'è Mico, ha gli occhi di un pazzo.

– Voglio sentirlo dire dalla tua voce! – urla. – Devi
dirmi che è finita!

– È finita, – mormora Serena.

Mico fa per allontanarsi, ma subito ci ripensa, si
pianta davanti a Serena e sibila:

– Giuro che mi ammazzo! E sarà tutta colpa tua!

Finalmente se ne va davvero. Serena corre a chiudersi
nella sua stanza. Chiama Andrea. Sarà già rientrato? È
arrabbiato con lei? Risponde la mamma. Andrea dorme.
Andrea è un ragazzo sano, mai visto sveglio dopo mezzanotte, come mi piacerebbe, pensa Serena, che per una
volta la smettesse di pensare allo sport e alla salute, come vorrei che venisse qui, magari scalando la finestra.
Vorrei che mi portasse via. Ho voglia di fare l'amore.

XII.

I Freewilly's suonano il 27 a Verona, per Telethon.
Mico ha girato i biglietti a Vittoria. Ce n'è uno anche
per Serena. Mico non è arrabbiato con lei. Ha capito
la situazione. Le augura ogni felicità col suo nuovo ragazzo, ma ci terrebbe a vederla un'ultima volta.
    – Sta cercando di assorbire la botta, – dice Diana.
    – Ha pure detto che ti porta a cena con Wayne, –
insiste Luce – allora che gli dico? Che vieni?
    – Non lo so!
    – E non fare la stronza!
    Le amiche la odiano. Sono tutte dalla parte di Mi-
co. Parte con loro, senza dire niente né ai genitori né
ad Andrea. Un'ultima volta, ha detto Mico. Glielo deve. È giusto cosí. E poi le ha promesso di portarla a cena con Wayne!
    Il concerto è una cosa piuttosta noiosa: c'è un pez-
zo, e subito dopo il presentatore e la presentatrice parlano dei bambini malati di leucemia, e arriva uno con
un bigliettino e il presentatore, o la presentatrice, legge una cifra, un miliardo, due miliardi, e tutti battono
le mani. Poi c'è un altro pezzo, ed è tutta roba di quella lagna italiana che fa venire voglia di mettersi i tap-
pi nelle orecchie. A un certo punto un medico si mette a spiegare che quando si va in discoteca non bisogna
prendere le pillole. Tutti fischiano. Il medico allora grida che lui non ce l'ha con la discoteca ma con la cultu-
ra della morte. I fischi gli impediscono di continuare.
Finalmente è il turno dei ragazzi. Sono proprio gli ultimi, e non è colpa loro se quando attaccano *I don't like
to think* l'ambiente è freddino.
    Mico le ha procurato un braccialetto di stoffa bian-
ca che la fa sembrare una della vigilanza, e cosí Serena
sta nel backstage, a due metri dai Freewilly's.
    È la prima volta che li vede cosí da vicino, e può no-
tare particolari inediti: Rufus ha un brufolo sul labbro
superiore e ogni cinque minuti smette di ballare, si na-

sconde dietro quelli della vigilanza e tira fuori un po'
di fondotinta e se lo ripassa furiosamente sul brufolo.
Poi torna sul palco, suda sotto i riflettori, il fondotinta si scioglie, e lui ritorna al trucco. Alan è proprio fatto, ciondola la testa da una parte all'altra e gli riesce
difficile seguire il ritmo, Wayne è incazzato nero e gli
urla qualcosa di incomprensibile. Donnie è una grande
delusione: sale sul palco dieci minuti dopo gli altri, perché prima se ne stava a baciarsi lingua in bocca con una
testa rasata con la maglietta da marinaio e un serpente tatuato sulla spalla.

I ragazzi non cantano, o meglio, non cantano sempre: alcuni pezzi, per esempio *The chu chu train* e *Oh,
pretty pretty baby* hanno una base preregistrata, e loro
si limitano a muovere le labbra scandendo le sillabe.

Finito il terzo pezzo, tutti si inchinano per salutare,
e Alan, con la voce impastata, si aggrappa al microfo-
no e dice qualcosa come «Bele ragazzi italiane» e «Spa-
getti grazie» e poi «Vafangulo» e andrebbe avanti chissà per quanto se Rufus non se lo portasse via.

Serena e le amiche si guardano, sconcertate. Ma c'è
la cena con Wayne! Luce le infila nella tasca dei jeans
un blocchetto per gli autografi che hanno progettato di
rivendersi, e Vittoria la bacia su una guancia.

Poi la lasciano sola. Si acquatta in un cantuccio tra
due immense casse acustiche che irradiano vecchi suc-
cessi. Mico è sparito. Intorno a lei i tecnici stanno smo-
bilitando il grande palco. Si vede, in lontananza, il fiume della gente che defluisce caoticamente verso le usci-
te transennate. È infreddolita, dimenticata. Deve fare
la pipí, pensa che a quest'ora suo padre starà spaccan-
do i piatti e mamma l'avrà data per morta, pensa che
forse tutto questo non ha senso, pensa ad Andrea e le
viene da piangere.

Poi spunta Mico, trafelato, e l'afferra per un braccio.

– Ah, sei qua, ma dov'eri finita? Presto, vieni, ci
aspettano.

Wayne aveva mal di testa, versione ufficiale; Wayne ha menato Alan, versione vera. A fine concerto i

Freewilly's si sono riuniti in gran consiglio nel tir del manager. Alan voleva che Wayne si scusasse, Wayne ha detto che, per quanto lo riguardava, Alan poteva andarsene al diavolo. Shorty ha minacciato di lasciare anche lui il gruppo. – Fate pure, – pare abbia risposto Wayne. Alan gli ha tirato addosso una lattina di birra. Donnie si è messo in mezzo e le ha prese da tutte le parti. Insomma, un gran casino, e alla fine due risultati certi: questa volta i Freewilly's si sciolgono davvero, e a cena Serena si ritrova con Mico, con Vlacek lo slavo e con una sua amica, certa Annalaura di Parabiago, lei dice però: di Milano.

XIII.

Mico ha promesso di riaccompagnarla in macchina a Roma. Serena si fa prestare il cellulare e chiama a casa. Gliene dicono di tutti i colori, ma si capisce che sono contenti. La cena è uno strazio. Il locale è poco piú di una trattoria a prezzi stracciati, pieno di ubriachi in maniche di camicia. Per tutto il tempo lo slavo non ha fatto che provarci con quella di Parabiago, un'oca con i jeans tagliati, il piercing sotto la lingua, una che infila un cazzo ogni due parole e ride delle cose piú stupide.

Adesso rolla una canna e la passa a Serena. Mico, che se ne stava tutto pensieroso, la precede, le strappa la canna, la getta per terra, ci preme sopra il tacco dello stivaletto. Quella di Parabiago insorge.

– Ehi, ma sei matto?

– Cazzo fai, amico – dice lo slavo.

Mico li ignora.

– Tu non devi rovinarti, Serena, questa è droga, e io non voglio che tu ti droghi! Guarda, la vita svanisce in fretta, e anche in fretta e furia! Pensa ai fiori che appassiscono dopo una breve stagione, pensa alle farfalle che se le prendi per un'ala dopo non volano piú, pensa alle lucciole che si accendono solo per fare l'amore una sola volta e poi morire... Devi piantarla con questa vita randagia! Trovati un bravo ragazzo, metti la testa a posto... Io posso aiutarti, credimi, io ti voglio bene, come... come...

– Come uno zio! – ride lo slavo.

Mico s'infuria.

– Ma che cazzo ne sai tu dei miei sentimenti!

– E dài, Mico, piantala, che te ne sei scopate quindici con questo trucco dei Freewilly's! Inventane un'altra, che questa puzza!

– Questa volta è diverso! Io amo Serena!

– Allora pianta tua moglie e sposatela, e piantala pure di rompere i coglioni!

– Vaffanculo, slavo del cazzo, ladrone, pezzo di merda!

– Vaffanculo te, «zio» Mico!

Mico va fuori di testa. Estrae dalla tasca del giubbotto una pistola, tutta lucida e nera, e la pianta sotto il naso dello slavo. La milanesina finalmente smette di ridere. Serena vorrebbe essere lontana, ha voglia di vomitare, fatica a non scoppiare a piangere. Lo slavo non si scompone, accende una sigaretta, aspira con lentezza, i suoi occhi si fanno stretti stretti, due minuscole fessure piantate su Mico.

Quella di Parabiago si agita tutta, guardandosi intorno, per vedere se qualcuno sta per intervenire, ma con tutto il casino che c'è nessuno si accorge di niente.

La cosa va avanti per un po', finché Mico non se la cava con un sorriso, mette via la pistola e solo allora lo slavo fa cenno di sí con la testa e butta via la cicca.

– Voglio tornare a casa, – dice Serena.

Mico si alza. Lo slavo le mette una mano sul braccio.

– Sta' attenta, è un matto.

Salgono sulla Volvo familiare e via verso Roma, trecento chilometri senza dirsi una parola, con una cassetta dei Passengers che ogni volta riparte in automatico.

– Ho fame, – dice Mico, e ferma a un autogrill. Ma non scende dalla macchina.

– Vai, ti aspetto qua, – dice Serena.

Allora Mico scoppia a piangere.

– Lo vedi come sono ridotto? Ha ragione lo slavo, sono diventato pazzo. Ma pazzo di te. È tutta colpa tua. Non dovevi illudermi. E adesso che faccio io? Come faccio senza di te?

Serena gli prende una mano, non sa che dire, non sa che fare. Mico si getta su di lei, la bacia, la ragazza lascia fare, le sue mani scendono sempre piú giú, Serena resta immobile, presto una grande calma la invade, poi è il piacere, puro, immenso, e alla fine Mico si abbandona, e lei si sente sporca, e pulita, e infelice, e libera, e tutto è cosí incomprensibile...

XIV.

È una sera d'estate, tutto è cominciato un anno fa, ma come tutto sembra lontano! Serena si prepara per uscire con Andrea. Gli studi vanno bene, la maturità dovrebbe essere cosa fatta, a casa sono straniti, lei passa ore sui libri e ha messo in soffitta tutti i manifesti dei Freewilly's.

Con Andrea si parla di università e di matrimonio. Lei non gli ha detto del viaggio a Verona, lui non ha fatto domande. Serena ama Andrea, anche se a volte le ritornano in mente le parole di Luce, e ha paura.

Andrea non sa che Serena e Mico si sono rivisti. Hanno parlato a lungo, ma come amici, l'amore è un'altra cosa. Continuano a telefonarsi con regolarità. Si confidano l'uno con l'altra. Mico è rimasto con la moglie, segue i figli, gli manda i saluti di Luce e di Vittoria, ormai ex amiche.

Suonano al citofono. È Andrea. Il padre la saluta con un cenno ruvido, la mamma la bacia sulla guancia.

– Non fate tardi, mi raccomando!

– Con Andrea? Non c'è pericolo!

XV.

– Serena? Sono io, Andrea. Senti, Serena, devo dirti una cosa, è finita, è finito tutto, capisci? Tu e io, finita. Amo un'altra. Addio. Non cercarmi.

Non è possibile. Dev'essere un sogno. Si sono lasciati da meno di un'ora, domani lui ha un'esibizione
di full contact e lei sarà tra il pubblico a vederlo, a fare il tifo per lui. Che cosa sta succedendo? Un'altra telefonata.

– Serena? Mi hai capito bene? Non ti voglio piú vedere, mi fai schifo, vaffanculo, non ti amo piú!

Serena resta immobile per dieci minuti, vorrebbe essere una pianta, è un sasso, dentro, è lei quel buco nero
che si allarga e presto finirà per divorarla, c'è un tale silenzio in questa stanza, ecco cosa è successo veramente,
se n'è andata la musica, non c'è piú musica, ora Serena
capisce che cos'è questo vuoto, è quando manca la musica. Il telefono. È Mico. Vuole sapere come sta, se ha
passato una bella serata. Gli dice tutto. Promette che
verrà appena possibile. Lei lo sente vicino. Forse la musica ritornerà.

È salito quando tutti sono usciti, l'ha fatto entrare
nella sua stanza, non c'era mai stato. Ha guardato il
letto disfatto, le sue occhiaie profonde, lei è ancora in
pigiama, non s'è lavata, sa di notte acida, faccio schifo,
dice, la vita è uno schifo, e lui è profumato, perfettamente rasato, sembra tornato il Mico giovane di un
tempo. Serena si stringe a lui, lo vedi, sussurra, lo vedi che quando c'è bisogno di me io non mi tiro indietro, allora dimmi tutto, ma Serena non ha la forza di
parlare, lui l'accarezza piano, vedrai che tutto si risol-
verà, bambina, vedrai che andrà tutto a posto, la sua
voce è dolce, suadente, fa venir voglia di sprofondare
e di abbandonarsi, e con quanta tenerezza cerca la sua
bocca, e le sue carezze sono un fuoco che brucia ogni
ripensamento, si baciano, Serena è rovesciata sul letto, la musica esplode, è tutto ok, bambina, è tutto ok,

bambina, il grande buco nero si allontana, è tutto ok, bambina, è tutto ok...

Andrea è sparito da tre giorni. A casa sua sono disperati. Mico ha parlato con i carabinieri. Il padre di Serena è inquieto. Lei è stata in albergo con Mico. Hanno fatto l'amore. Luce dice che forse era finito in qualche giro sporco. Mico ha detto che nell'ambiente delle palestre gira gente strana. Ha chiesto se i suoi sono ricchi, teme forse un sequestro di persona. Lei è stata a casa sua con Mico. Hanno fatto l'amore. L'amico del cuore di Andrea non si dà pace, e minaccia di spaccare tutto. Ma è tutto inutile. Andrea sembra volatilizzato, scomparso nel nulla, inghiottito nel buco nero.

Lei è stata in macchina con Mico. Hanno fatto l'amore. Mico deve ripartire, c'è un concerto a Reggio Emilia, un grosso evento, i Passengers, proprio non può mancare, prima della partenza lui e Serena fanno l'amore.

XVI.

Sotto la lampada al neon sul tavolo dell'obitorio c'è un corpo coperto da un telo, steso su un tavolo rigido. Un dottore in camice bianco solleva un lembo del telo.

– Lo riconosce? – chiede la donna dai lineamenti marcati.

Serena si china, e un odore di marcio la ferisce. Sono passati quattro giorni dalle telefonate. I poliziotti l'hanno svegliata alle due di notte, scusandosi per l'irruzione. Il padre l'ha voluta accompagnare. Andrea è livido e gonfio. Sfiora con una carezza la sua guancia, è fredda, ruvida al contatto. E allora le sembra di sentire come l'eco di una musica, ma non è una buona musica, e ha voglia di piangere, e vorrebbe svenire, ma la musica, quella musica, è come un martello, picchia dentro la sua testa, e Andrea non parla, non si muove, che cosa ti hanno fatto, mormora Serena, che cosa ti hanno fatto, amore mio.

XVII.

Mico l'hanno arrestato una settimana dopo. Dicono
che ha attirato Andrea in un tranello, lo ha obbligato
a telefonarle e poi l'ha ammazzato come un cane. Dicono che un vecchietto come Mico da solo non ce
l'avrebbe fatta contro uno forte e giovane come Andrea. Cercano un complice. Sospettano dello slavo. Lo
stanno cercando dappertutto.

Mico le scrive dal carcere. Dice che il mondo è buio
e che lui è innocente, dice che sarà assolto e che quando uscirà ricominceranno tutto daccapo, dice di sapere che gli manca e che la rosa ha ancora mille e mille
petali da sfogliare. Serena ripone la lettera in un cassetto. I poliziotti la interrogano due volte al giorno. Lei
ripete sempre la stessa storia, docile, monotona. Un
commissario scuote la testa. Lo sente dire a un collega:
– Gioventú di merda, – e sorride.

L'ultimo interrogatorio finisce alle due di notte. Serena si ritrova nell'atrio del commissariato con la testa
in fiamme e un furioso desiderio di cioccolata calda.

Su una panca, stravolte di sonno, ci sono Luce, Vittoria e Diana.

La guardano come si guarda un'assassina.

XVIII.

Caro diario,
aveva ragione Mico. I migliori sono sicuramente loro, i Passengers. Il capo è Fai'd, è inglese, come tutti
gli altri, ma anche mezzo arabo. Ha dei corti baffetti,
non è bellissimo, ma ha la forza, tu mi capisci. Poi ci
sono Robin, un irlandese dai lunghissimi capelli rossi,
e Rosario Fioravanti, che, come dice il nome, è figlio
di italiani immigrati a Liverpool. Rosario è uno skin, e
a molti giornalisti è sembrata strana questa convivenza
con Robin, che secondo alcuni è un mezzo terrorista, e

con l'arabo. Ma loro, i Passengers, hanno spiegato, in
una conferenza stampa, che quello che interessa a loro
è la musica, unicamente la musica. A me sembra molto
giusto. La politica deve restare fuori dalle cose serie della vita, e la musica è l'unica cosa seria della vita. Ah, di-
menticavo Billy e Terry. Sono due gemelli inglesi, anche loro di Liverpool. La canzone piú famosa dei Passengers, quella che me li ha fatti conoscere, si chiama *It
ain't nothing but destiny*. Vuol dire «Non c'è nient'altro
se non il destino». Fai'd canta non c'è nient'altro se non
il destino, and my destiny, baby, it's the music, e il mio
destino, baby, è la musica. Però la mia preferita è un'altra, si chiama *Who's the monster?*, chi è il mostro?, la
canta Rosario, e dice cosí: chi è il mostro, bambina, sei
tu o sono io, perché lui la sta lasciando e lei soffre, e alla fine si capisce che il vero mostro è lei. Non so perché, ma mi affascina. Il sette novembre suonano a Milano. Ho già il biglietto. Me l'ha procurato Riccardo,
uno di Belluno che lavora nel management. Ha promesso di farmi conoscere Billy e Terry, che sono suoi
amici. Mi ha detto che Billy e Terry, da bravi gemelli,
sono inseparabili, fanno tutto insieme. Anche con le ragazze, si capisce.

Sabato sera

I.

C'è a chi toccano i soldi e la fortuna, e a chi una merda di bar in un buco di montagna. Mancavano due ore alla chiusura, e Orazio lucidava il bancone chiedendosi quando i ragazzi si sarebbero decisi a levare le tende. Dal suo rifugio circondato di bottiglie e stoviglie da caricare nella centrifuga li vedeva dannarsi nella battaglia senza scampo contro il tempo. Tappo si lucidava i muscoli, facendo schioccare le dita prima di un'altra sfida contro il flipper Stars Game. Il Leva[1] non sapeva decidersi tra il Roipnol e una Corona, e come sempre si sarebbe servito generosamente dell'uno e dell'altra. Katia era la terza volta che andava in bagno, gli occhi lucidi e passi incerti buttati uno appresso all'altro sugli zatteroni neri. Luca, lo studente, quello sempre vestito bene, fissava un poster della Lazio dondolandosi sulla sedia, le gambe sul tavolino. Avevano fretta, questo li rendeva immobili. Un giorno, all'improvviso, si sarebbero accorti di invecchiare.

Per il momento, tutti i sabato sera la solita storia. Qualche spaurito cliente che si affacciava, gettava un'occhiata agli arredi, si chiedeva se era davvero quello il Caffè-Musica-Biliardi promesso dalle luci intermittenti dell'insegna, valutava i suoi quattro ospiti fissi, si stringeva nelle spalle e si affrettava a cercarsi qualcosa di meglio.

[1] Il «Leva» da «levare», in gergo: rubare (una macchina, un portafogli, ecc.)

Con un sospiro, Orazio pensò che gli sarebbe piaciuto trovare il coraggio per sbatterli fuori, una volta
per tutte. Dirgli semplicemente cosí, che non erano gra-
diti. Andassero a svernare altrove. Una volta, per la verità, ci aveva quasi provato. Aveva cercato, come dire, di introdurre cautamente il discorso. Piú del ghigno
di Tappo, l'aveva gelato lo sbigottito risentimento del
Leva:
   – E dove cazzo lo troviamo qua un posto piú adat-
to ai giovani?
   Non se ne sarebbero mai andati perché non esiste-
va nient'altro per loro. Soltanto un paese giusto a mez-
za via tra l'autostrada e la città.
   Purché stessero ai patti: niente casini dentro il suo
locale, e per il resto affari loro.
   Luca andò al jukebox e gettonò un rap.
   – Io me ne vado, – disse, tornando al tavolino.
   – Ciao ciao.
   Tappo si staccò dal flipper e lo raggiunse. Una ma-
no sulla spalla.
   – Prima paga l'ultimo giro.
   – Voglio dire: me ne vado per sempre.
   – Uau!
   Katia tornò dal bagno e andò a sedersi sulle ginoc-
chia del Leva.
   – Davvero, – insisteva Luca – ha ragione mio padre.
Qua non c'è futuro per uno come me...
   – Senti senti! E come sarebbe uno come te?
   Tappo non poteva soffrirlo. Anche se gli sorrideva,
quando non poteva farne a meno, e sopportava la sua
presenza nel gruppo, l'aveva sempre considerato uno
studentello arrogante e mezzo frocio, l'unico, per dir-
ne una, che non veniva mai via da casa senza il giub-
bottino e la cravattina. Però pagava spesso e volentieri, una brava mucca, un mezzo figlio di papà, appena
appena un gradino meno miserabile del Leva, un buono a niente, ma bisognava dire che in mezzo agli altri
ci sapeva anche stare, sapeva, per esempio, quand'era
il momento di chiudere la bocca. Resta il fatto che era

stato proprio l'odio per quelli come Luca a fargli scoprire la palestra.

– Sí, me ne vado...

– Vabbe', intanto paga, – biascicò il Leva. – Orazio!

Orazio si trascinò a raccogliere le ordinazioni. Lo fecero aspettare impalato che Luca finisse la sua arringa.
Non c'era senso a restarsene confinati in quel buco del
cazzo, diceva Luca, trascinandosi una sera dopo l'altra,
magari un lavoro dopo l'altro, sissignore e una paga di
merda, guardare scorrere la vita degli altri, sempre con
quella sensazione di stare a un passo dalla vetta e non
poterla mai raggiungere, essere ricacciati indietro, nel
recinto, come le bestie. Il tono era appassionato. Ri-
correvano frequenti riferimenti al padre. Era disposto
a pagargli gli studi a Roma, ma al ragazzo questo non
bastava. Lui voleva proprio andarsene dall'Italia, e di
studiare non se ne parlava. Viaggiare, conoscere, la vita è una sola, cazzo... Piú Luca s'infervorava e piú le
espressioni degli altri si facevano sfottenti. Finché, pro-
fittando di una pausa, Tappo si accarezzò il tatuaggio
rosso alla base della nuca e lasciò partire un applauset-
to sarcastico.

– Bravo, ben detto! E i soldi? Chi te li dà i soldi per
partire?

Luca si afflosciò, Tappo si fece una bella risata.

– Per me una Corona, – sbadigliò il Leva.

– Ma se ancora non hai finito quella! – protestò Katia.

– E fatti i cazzi tuoi!

– Io un camparazzo, – disse Tappo – a Luca 'na cam-
momilla, che sta stressato!

Risata collettiva.

– Io voglio un caffè americano, – disse Katia.

– Ma se ancora non hai finito quello!

– E fatti i cazzi tuoi!

Il Leva partí con un ceffone. Katia lo schivò scostan-
dosi di un niente. Svogliato l'attacco, svogliata la para-
ta. Nel movimento della ragazza, Orazio fu colpito da
un piccolo lampo dell'orecchino che Katia s'era sparato

all'ombellico. La visione lo eccitò, e si sentí arrossire. Quella troietta poteva essere sua figlia, ma se avesse avuta una figlia non le avrebbe mai permesso di andarsene in giro conciata cosí. Se ne andò a preparare dietro il bancone, mentre il Leva e Katia cominciavano a litigare.

– Si può sapere che c'hai? Te ce rode stasera, eh?

– Lasciami stare, non mi rompere il cazzo.

– Le mani sei buono a usarle, però!

– Non sono il solo, mi pare.

Katia sembrava sull'orlo di una crisi di pianto. Si alzò di scatto e, tanto per cambiare, corse a rifugiarsi in bagno. «Non ha gli slip», notò Orazio, percosso dalla visione di fuseaux neri che modellavano due agili natiche. Una troietta. Una troietta e tre cani arrabbiati. Un'ora e quarantacinque alla chiusura.

– Ah, cosí è questa la storia! – ridacchiò Tappo – Leva, sei proprio un coatto, te stai a perde' il meglio della vita... Guarda che Katia non t'ha fatto proprio niente!

– E tu mo' che cazzo c'entri?

Tappo lo guardò storto. Il Leva bofonchiò una scusa, buttò giú una manciata di pasticche e si scolò il residuo di Corona calda.

Orazio serví il nuovo giro.

– Pago io, dopo, – disse Luca, tetro. Orazio se ne tornò in silenzio al bancone.

– Mo' si ragiona! – disse Tappo.

– È che non so che mi prende, – riprese il Leva – se penso che per avere quel cazzo di posto s'è fatta mettere le mani al culo da uno stronzo...

– Fanno tutti cosí, gli stronzi – intervenne Luca. Il Leva lo trapassò con uno sguardo liquido.

– No colla donna mia!

– Beh, un lavoro è un lavoro, – concluse Tappo, alzando il bicchiere col Campari rosso.

– È proprio questo il punto. Io ci piscio sul lavoro!

– Lo sappiamo, lo sappiamo, – concesse Tappo – ma il fatto è che se vuoi campare levando le macchine, allora devi stare attento a non farti beccare...

L'allusione precipitò il Leva nello sconforto.

– Che cazzo c'entra, quello è stato un incidente, se non andavo a sbattere contro quel muro del cazzo a quest'ora m'ero venduto la Porsche e stavo in petto a Cristo per almeno un annetto.

– E invece sei stato in petto all'Albergo Regina² pe' sei mesi!

La battuta di Tappo stemperò la tensione. Rise anche il Leva. Katia tornava dal bagno, ancheggiando e con le labbra atteggiate a una smorfia corrucciata. Il Leva cercò di rifilarle una goffa carezza. Katia lo mandò a quel paese. Il Leva fece *occhei occhei* e dieci secondi dopo eccoli che si baciano e si strusciano.

A Orazio gli venne duro. Si chiese se per un centomila lei ci sarebbe stata. Distolse lo sguardo. Se Leva gli avesse potuto leggere nel pensiero, come minimo l'avrebbe scannato. Ma una troietta resta una troietta.

– Perché non basta farsi chiamare «Leva» per diventare un bravo levatore, – stava dicendo Tappo a Luca, l'unico disposto ad ascoltarlo, da quando gli eterni fidanzati s'erano dati al limonaggio professionale – è una questione di allenamento, di esercizio, di forza di volontà e di concentrazione. È come il karate. Tu pensi che è solo una lotta, una cosa che ti serve per la difesa, e invece... cazzo, Luca, il karate è una filosofia, un modo di vedere le cose...

– Sí, sí, certo, certo, – rispose Luca, distratto.

– Sta' a sentire, – insisteva Tappo – lo vedi questo?

Luca simulò un educato stupore. Tappo aveva incrociato le braccia davanti al petto e sembrava stringere una sbarra inesistente.

– Voglio dire che un pettorale cosí qualunque stronzo può farselo con due mesi di macchine e gli anabolizzanti. Qualunque stronzo, anche tu!

– Grazie.

– Non c'è di che. Il karate, invece, un muscolo cosí ci mette quattro anni a fartelo venire... capito che cosa vuol dire «filosofia di vita»?

² Albergo Regina è il carcere di Regina Coeli.

– Sí, ho capito...

– No, tu non hai capito un cazzo! Ti sto dicendo che se vuoi qualcosa, non devi aspettare che te la servano su un piatto d'argento... devi prendertela. Fissare un obbiettivo e lavorare sodo per conquistarlo. Cosí dice l'istruttore, e guarda che è uno che non sbaglia, eh! Per esempio: te ne vuoi andare? Tuo padre c'ha i soldi e non te li dà? E tu prenditeli!

. – E come faccio?

– E che ne so? Prima scopri dove stanno, e poi te li prendi. Tanto, che te po' fa'? Mica te denuncia... è tuo padre o no, cazzo!

In quel momento entrarono due stranieri.

II.

– È chiuso, signori, – si affrettò Orazio – clos, fermé, zut!

Si bloccarono, interdetti, a metà strada tra la soglia e il bancone. Tutti e due scuri, con la tuta sporca di lavoro, uno doveva essere giovanissimo, l'altro, piú tarchiato, vicino ai quaranta, stava cercando il sorriso giusto per rispondere al barista. Rumeni o polacchi, la zona ne era infestata. Zingari di merda, concluse Orazio.

– Solo un bicchierino – disse il tarchiato, in un discreto italiano.

– Oh, ma come ve lo devo di' che è chiuso? È chiuso!

– E quelli?

Il ragazzo aveva puntato l'indice in direzione del gruppetto. Orazio si calò una maschera d'impassibilità.

– Una festa privata.

I due stranieri parlottarono tra loro. Orazio colse brandelli di uno spagnolo largo, musicale. Almeno, non venivano da quelle merde di paesi dell'Est.

Quello tarchiato s'era già arreso, il ragazzo sembrava deciso a bere a tutti i costi il suo bicchiere. Tappo lasciò partire prima un sospiro, poi, con uno schiocco secco delle dita, richiamò l'attenzione del barista.

– Orazio, offri un giro a questi ragazzi. Paga Luca!

– Se ne stanno andando...

Orazio teneva duro. Leva sbuffò.

– Ora', non rompere. Dagli quello che vogliono, e fa' il bravo!

Il tarchiato e il ragazzo si scambiarono un'occhiata inquieta. Il ragazzo accennò un passo incerto verso l'uscita. Sembrava essersi convinto che non era aria. La voce di Tappo tornò a risuonare, imperiosa.

– Orazio, ti ho detto di versare da bere a questi signori!

– Posso offrire io, per favore?

Il tarchiato l'aveva detto con un sorriso gentile, e un mezzo inchino rivolto a Tappo. Orazio tormentava uno strofinaccio: slavi o spagnoli, sempre stranieri erano, brutta razza. Tappo fissò il tarchiato con gli occhi semichiusi. Un lungo istante. Poi decise che non c'era provocazione nel tono dell'altro, e si distese.

– Tu che cosa bevi?

– Tequila, – rispose il tarchiato.

– Tequila per tutti, Orazio, – ordinò Tappo – offre l'amico.

– Manuel, – disse il tarchiato.

– Manuel, – ripeté Tappo.

Il Leva e Katia avevano smesso di baciarsi. Un breve istante, il tempo di rifiatare, valutare con un'occhiata distratta gli stranieri, e si rimisero al lavoro.

– Venite, venite.

Ora Tappo era tutto un sorriso. Gli stranieri raggiunsero il tavolo, chiedendo scusa al Leva e a Katia. Ma quelli non gli badarono minimamente.

– Spagnoli? – chiese Tappo.

– Cileni, – disse Manuel, presentando il ragazzo: suo figlio, diciassette anni appena compiuti.

Luca se ne andò al bancone. Le parole di Tappo gli avevano aperto dentro una voragine.

– Ora', mi dai un bicchiere d'acqua, per favore? – chiese, gentilissimo.

Orazio lo fissava neutro. Aveva sentito anche lui il

consiglio di Tappo. Ragazzi balordi. Prendersi tutto e subito. La solita storia. Magari, Luca aveva troppa fifa per farlo. Oppure, era il tipo da rubare in casa e darsi. Chi poteva saperlo? Si chiese se non era il caso di fare una chiacchieratina col padre. Orazio lo conosceva bene, 'sto padre: ex marinaio, ex assicuratore, ex portaborse di un palazzinaro, ex addestratore di cavalli, ex candidato trombato alle comunali, ex di tutto e di niente, panza gonfia e palle vuote, un fallito, insomma. Aveva detto le stesse cose trent'anni prima. E a Luca sarebbe toccato il suo stesso destino: non sarebbe andato da nessuna parte. Non si andava da nessuna parte se si era nati a Torre del Poggio. Versò l'acqua e decise che non erano affari suoi. Aveva altro cui pensare. Gli stranieri, per esempio. Non gli piaceva che se ne stessero lí tranquilli con quei quattro attaccabrighe. Poteva succedere qualcosa da un momento all'altro. E non doveva succedere nel suo locale.

– Te le porto io, le tequile, – si offrí Luca.

– Non ci penso proprio, – rispose, sgarbato.

Prese il vassoio e andò a depositarlo sul tavolino.

– Allora, alla salute! – disse Manuel, alzando il bicchiere.

– Alla salute! – rispose Tappo.

Luca si uní malinconicamente al brindisi. Orazio concluse che al ragazzo mancava qualcosa di fondamentale: le palle.

Il Leva e Katia continuavano a pomiciare.

Orazio se n'era rimasto impalato a un lato del tavolo.

– Trentacinquemila. Grazie.

Tappo gli fece un gestaccio.

– Ora', mo' stai a fa' er puzzone! Ma che, c'hai paura che non pagano? Scusa, sai, Manuel, è bravo ma un po' rustico...

Per niente offeso, il cileno calò una mano nel tascone della tuta e la ritirò piena di un fascio di banconote unte. Contò quattro carte da dieci e le consegnò a Orazio.

– Può tenere il resto, *gracias*.

Nel prendere i soldi, Orazio si chinò, sfiorando la testa di Manuel.

– E adesso andatevene... per favore!

L'aveva detto in un sussurro, prima di tornarsene al banco col suo passo sbilenco. Il cileno non l'aveva nemmeno sentito. Ma Luca sí. E quanto a Tappo, continuava a sorridere, amichevole.

– Ma non gli piacciono gli stranieri? – chiese Manuel, indicando il barman.

– È scemo, – rispose Tappo, con aria di sufficienza.

Orazio si chiese se sarebbe riuscito a tenere a bada l'imprevedibilità di Tappo. Era proprio quando sembrava cosí ben disposto che bisognava preoccuparsi.

Si concentrò sul ragazzo. Era nervoso. Se ne stava sulla punta della sua sedia, quasi volesse scomparire, faceva rigirare il bicchiere con la tequila e non si decideva a vuotarlo. Poi si accorse che il ragazzo non riusciva a staccare lo sguardo da Katia. Il Leva le teneva una mano dentro la blusa, e con l'altra le accarezzava le natiche. Gran bel culo, non c'è che dire. Il ragazzo non aveva tutti i torti a lasciarci gli occhi.

Luca sorrideva al ragazzo. Il ragazzo distolse lo sguardo e tracannò la sua tequila. Manuel intanto raccontava la sua storia e Tappo lo stava a sentire tutto concentrato. Dunque, veniva dal Cile. Era arrivato in Italia che era ancora un ragazzo. Al suo paese c'era la guerra, un dittatore.

'Sto dittatore Orazio l'aveva visto qualche tempo prima alla televisione. Un vecchio tutto bianco, innocuo, sembrava impossibile che avesse fatto tutte quelle cose di cui lo accusavano. Manuel era convinto che fosse una specie di diavolo: a sentir lui, tagliava le mani ai suonatori, buttava in mare i prigionieri legati vivi e violentava le donne incinte. Poi ricordò anche il nome, e gli vennero in mente vecchi ricordi. Un'altra stagione, un altro mondo, un'eco lontana che chissà come si era spinta sino alla Torre del Poggio. Ragazzi diversi da questi, che parlavano di cose diverse e sembravano nutrire una fede assoluta in slogan ormai dimenti-

cati. Portavano i capelli lunghi e sedevano allo stesso
tavolino. Ora erano operai, insegnanti, bancari. Qualcuno era morto lungo la strada. Li aveva sopportati come ora sopportava questi altri. Anche al tempo delle
retate il suo locale era stato risparmiato. Perché lui era
amico di tutti e non gliene fregava niente di nessuno.
Anche adesso, che era quasi un vecchio, continuava a
non fregargliene piú niente. Sarebbe arrivato anche per
loro quel momento. Fottuti ragazzi senza futuro.

– E insomma, abbiamo sempre lavorato, e adesso mi
daranno la cittadinanza... Ma io non so, non ho deciso...

– Vuoi tornare al tuo paese?

– Un giorno, chissà... sai che non mi ricordo com'è
fatto?

– E come dev'essere fatto, un paese? O coi monti,
o col mare. O con tutti e due. Come da noi.

– Eh, proprio cosí, amigo, il Cile è lungo come l'Italia, ha i monti e il mare, come l'Italia, e la nostra gente...

– E tutti quei soldi?

Tappo aveva cambiato argomento con noncuranza.
Manuel s'impettí, tutto orgoglioso.

– È un'impresa di Roma, ci ha dato un grosso lavoro.
Questo è l'anticipo. Per questo oggi voglio fare festa. È
un bel lavoro, proprio un bel lavoro...

– Roma è lontana! – commentò Tappo.

– Ma sono solo settanta chilometri! – protestò il cileno.

– Vivi qui?

– A Collerosso... conosci Collerosso?

Tappo fece un gesto vago con la sinistra.

Cosí questi erano due dei famosi «ospiti» di Collerosso: villette a schiera con giardino nate per un turi-
smo popolare che non era mai nato. Tutto era cominciato con un'ordinanza del Prefetto a proposito di una
banda di profughi di chissà quale merdosa guerra. Da
allora, Collerosso era territorio straniero. Qualcuno di
quei cenciosi la casa se l'era persino comperata. A prezzo stracciato, perché chi volete che ci vada in un posto
cosí. Ma i piú le case le occupavano e ci portavano le

famiglie. Sempre pieni di bambini. E rubavano, e tutto quello che toccavano diventava merda. Un cesso di posto, Collerosso. Orazio si avviò verso il retro. Giravano strane voci sugli stranieri di Collerosso. Meglio informare il suo amico Sciutto.

– Allora, Roma è vicina, secondo te?

– Sai, amico, quando uno ha voglia di lavorare tutte le distanze sono vicine... e noi abbiamo voglia di lavorare... e... io amo l'Italia. È un paese buono. La gente è buona. Siete come noi, voi italiani...

– E tu c'hai voglia di lavorare!

– Il lavoro è tutto... no?

Tappo scoppiò a ridere. Manuel lo fissò, sorpreso.

– Ho detto qualcosa che...

– No, no, – s'affrettò Tappo – pensavo a cose mie... Un altro giro, vi va?

– Sí, ma offro io. È la nostra festa! – Tappo annuí.

– Orazio... ma dove cazzo è finito... Orazio!

– Vengo, vengo.

Orazio calò con molta prudenza la cornetta del telefono. Quel suo amico poliziotto non era in casa, e anche il maresciallo dei carabinieri aveva staccato il telefono. Eppure lui sentiva, sentiva che stava per succedere qualcosa. Troppa calma. Troppa maledetta calma. E quei due stronzi di sudamericani che c'erano venuti a fare, nel suo locale? Ancora un'ora alla chiusura...

– Vengo, vengo, – ripeté, meccanicamente, rimpiangendo di non aver mai voluto prendere il porto d'armi. Se solo avesse avuto una pistola gliel'avrebbe fatta passare per sempre la voglia di rompere i coglioni. Ai ragazzi, alle troiette, ai maledetti stranieri, a tutti. Fu mentre apriva la porticina di comunicazione che cominciarono a gridare.

III.

– Oh, questo tocca!

Era successo che Katia s'era alzata per andare al ba-

gno, e alzandosi era passata davanti al ragazzo. E, manco un secondo, s'era messa a strillare.

– Oh, questo tocca!

Con gli occhi rossi e le reazioni ritardate per colpa
della birra e del Roipnol, il Leva ci aveva messo un'eter-
nità a capire. Prima aveva saettato uno sguardo smarrito sullo straniero tarchiato, che teneva le braccia al-
largate e faceva di no con la testa. Poi aveva afferrato
un braccio di Katia e le aveva chiesto:

– Che cazzo dici?

– M'ha toccato, 'sto stronzo m'ha toccato!

– Ma che stai a di'?

– M'ha messo una mano lí...

Manuel si guardava intorno, cercando di capire. Il
Leva tornò a fissarlo, poi spostò lo sguardo su Tappo,
che scuoteva la testa, apparentemente disinteressato.
Allora, il Leva domandò a Luca:

– 'A Luca, ma che cazzo...

Fu in quel momento che tutto si decise. Luca sollevò
con un gesto indifferente il suo bicchiere di tequila, come per osservarlo meglio in controluce, aggrottò le ciglia, sospirò, e rispose che non s'era accorto di niente:
stava guardando da un'altra parte.

Restava, dunque, il grido di Katia. Il Leva finalmente
inquadrò il ragazzo, e Katia che lo indicava con un gesto melodrammatico.

– È lui! È stato lui!

Orazio capí subito dove stava il pericolo: dappertutto. Era negli occhi spenti di Tappo e nel pallore mortale del ragazzo, nel tono stridulo di Katia che continuava a ripetere «M'ha toccato, m'ha toccato, fa' qualcosa»; era nei movimenti appannati del Leva, che stava
cercando di mettersi in piedi e aveva la fronte bagnata
di sudore, era nell'assenza di Luca, che stringeva forte
il suo bicchiere di tequila. Con la coda dell'occhio vide
che lo straniero piú anziano era scattato, vigile, e cir-
cumnavigava il tavolo per portarsi alle spalle del ragazzo. Protettivo, attento. Tappo allungò una gamba. Manuel perse l'equilibrio, cercò annaspando di aggrappar-

si a qualcosa di solido, abbrancò un angolo del tavolo, si trascinò appresso, nella rovinosa caduta, il vassoio con due bicchieri.

– Mo' so' cazzi tua! Tu la donna mia non la tocchi, bastardo!

Il Leva era riuscito a mettersi in piedi, e stava coi pugni tesi davanti al ragazzo. Sempre immobile, quello, paralizzato dalla paura.

Da terra, Manuel cercava di rialzarsi, bestemmiando qualcosa nella sua lingua. Ma Tappo gli aveva piantato un piede sul petto, e stava affondando col tallone.

– Va bene, va bene, ragazzi, hanno sbagliato e adesso se ne vanno... su, non è successo niente, su, da bravi!

Orazio si avvicinò a Tappo e gli sollevò la gamba che bloccava Manuel. Tappo lasciò fare, un sorrisetto a mezza bocca. Manuel, finalmente, riuscí a piazzarsi alle spalle del figlio.

– Guardate che vi state sbagliando... – cominciò a dire.

Katia se ne uscí con un alto grido: l'aveva toccata, quel maiale, sí, l'aveva proprio toccata lí. Non doveva passarla liscia.

– Se ne stanno anna', adesso se ne vanno, vero che adesso ve ne andate?

Orazio cercò con lo sguardo Luca. Ma Luca, immobile, indifferente, s'era perso nella sua tequila.

Piano piano, con esasperante lentezza, Orazio spostava indietro la sedia del ragazzo. Manuel lo sollevò dalle ascelle, scuotendolo, e riuscí finalmente a vincere la sua immobilità. Il ragazzo si alzò. Orazio prese i due stranieri a braccetto e cominciò a guidarli verso l'uscita. Con la coda dell'occhio cercava di scrutare i movimenti di Tappo. Sembrava indifferente a tutto. La tregua durò il tempo di tre, forse quattro passi.

– Eh no, cazzo! – urlò il Leva, e si gettò a corpo morto sul terzetto, puntando su Manuel. Investito dall'onda d'urto, il cileno cadde a faccia in giú. Il Leva gli fu addosso, e cominciò a tempestarlo di pugni sui fianchi. Intanto, lo insultava. Ma Manuel riuscí a reagire. Si ri-

voltò, ficcò una gamba tesa tra le gambe aperte del Leva e colpí con forza. Il Leva si piegò in due, con una
smorfia di dolore.

– Vattene adesso, per amor di Dio! – gridò Orazio.
Lui e il ragazzo erano sulla soglia. Manuel si rimise in
piedi e raggiunse correndo la porta. Prima di uscire, si
voltò a fissare la scena. Quello che l'aveva aggredito si
era lanciato in una sequenza di gemiti, e la ragazza lo
accarezzava, consolandolo. Al giovanotto con la faccia
da studente, sempre seduto, non gliene fregava niente. E quello piccolo e muscoloso... Il colpo lo raggiunse alla base della nuca, la vista gli si annebbiò, per non
cadere ancora si aggrappò allo stipite. L'aveva perso di
vista, quello piccolo, ma come aveva fatto a prenderlo
alle spalle, come... Il secondo colpo lo prese ai fianchi,
una vera mazzata. Manuel però conosceva la strada, e
poi c'era il ragazzo da portare via, il ragazzo pieno di
paura che s'era portato appresso solo per una piccola,
stupida fiesta...

Sí, pensò Tappo, il cileno ci sapeva fare. Si capiva da
come aveva messo sotto il Leva. Uno sbruffone, partire
cosí a testa bassa, e per quel nobile motivo, poi, una stru-
sciatina di culo, che, c'era da scommetterci fino all'ultima piotta, Katia con quel culo sempre in fuori se l'era
andata a cercare. Sí, il cileno ci sapeva fare. Non male,
per uno della sua età, e un po' sovrappeso. Ora se lo trovava davanti, dritto sulle gambe, protetto da un lato dalla porta, dall'altro da Orazio che si sbracciava e cercava
ancora di esortare alla pace. La pace del cazzo: braccia
flesse, mani tese. Vieni avanti, Manuel-del-cazzo, ti
prenderò tra il collo e la mascella e se sei fortunato te la
cavi con un po' di denti in meno. E poi basta, che per
quella stronzetta di Katia non vale la pena sporcarsi le
mani piú di tanto. Su, vieni avanti...

Manuel era veloce. Un istinto di fuga, o forse solo la
disperazione che ti porti nel sangue se a diciott'anni hai
imparato che c'è un solo modo per sfuggire ai killer che
ti hanno ammazzato il padre e la madre e ti danno la
caccia nella notte di Santiago: essere piú veloce. Il cile-

no incassò la testa tra le spalle, si abbassò, e partí con una testata. Troppo veloce anche per la piccola carogna, per quanto potesse essere allenato.

Tappo cercò di scansarsi, ma non fu abbastanza pronto. Fu preso allo sterno, si sentí mancare il respiro, si afflosciò, cercando di proteggersi il volto con i pugni serrati. Ma Manuel non aveva nessun interesse a infierire. Afferrò il ragazzo, gli girò di lato, e i due stranieri sparirono.

IV.

Appena in macchina, suo padre aveva messo una cassetta di salsa cubana. Concentrato sulla guida, non gli aveva rivolto la parola. Il ragazzo aveva tante cose da dirgli, ma aveva paura di parlare. Paura dei rimproveri; paura che il padre pensasse che lui aveva davvero toccato quella ragazza; paura di sentirsi dire che si era comportato da vigliacco. Ma il padre non parlava, guardava fisso la strada davanti a sé e non parlava. Di tanto in tanto, si massaggiava il collo indolenzito. Il ragazzo aveva voglia di spaccare il vetro a testate. Perché aveva insistito per bere in quel bar di balordi? Il barman era stato chiaro, e poi bastava un'occhiata per rendersi conto della situazione. È che quegli altri ragazzi gli avevano fatto rabbia. Se ne stavano insieme, un gruppo, forti, uniti. Vederli gli aveva fatto pesare la sua solitudine. Italiani. Aveva imparato a conoscerli presto, gli italiani. Anche se sul suo passaporto c'era scritto «nato a Roma», non l'avevano mai accettato. Né lui riusciva a sentirsi uno di loro. Non era tanto per il colore della pelle, appena un po' piú scura della media, niente a che vedere, per esempio, con certi meridionali nerissimi che aveva incontrato a scuola. Nemmeno l'accento, c'erano italiani che parlavano molto peggio di lui. Che negli studi era anche bravino, eh, e già si pensava di mandarlo all'università. No. C'era qualcosa che gli impediva di accettarli, e di essere accettato. A ripensarci bene, era e non era una questione di pelle. Non il colore, ma qualcosa di piú profondo. Era come se lo fiutassero a distanza. E lui aveva una paura terribile. Non poteva farci niente, ma viveva nella paura. Gli sarebbe piaciuto poter condividere l'ottimismo del padre. L'Italia è un grande paese, qui siamo integrati, lavoriamo e non diamo fastidio a nessuno... ma lo sapeva, suo padre, che non era riuscito a farsi un solo amico, in tanti anni di scuola? E le ragazze, poi... suo padre non lo sapeva, ma gli avevano rotto due denti solo perché era andato a ballare con una compagna di classe. Chi era stato? Due tizi come quelli del bar. Sorridevano allo stesso modo. In principio sembravano amichevoli, proprio come quel piccolo animale con il tatuaggio. E gli avevano rotto due denti... suo padre non lo sapeva perché gli aveva raccontato una balla qualunque: che era caduto giocando a pallone. Ma forse suo padre sapeva, o aveva sospettato. E faceva finta di niente perché lui negli italiani ci credeva. Anche se lo avevano cacciato da Roma e costretto a ricominciare in quel buco di merda di Collerosso. Anche se neppure lui aveva un amico italiano. Anche se quando ingaggiava gli operai gli dicevano alle spalle che era un ladro e uno strozzino.

La Mercedes infilò un vialetto di ghiaia e si fermò davanti alla saracinesca di un garage privato. Il padre spense il motore, respirò a fondo e lo fissò dritto negli occhi.

– A tua madre non diciamo niente. E nemmeno ai bambini. Resta un segreto tra noi, chiaro?

Il ragazzo si vergognò per lui di quel sorriso che voleva rassicurarlo a tutti i costi. Annuí, a testa bassa, ma c'era una cosa che proprio non poteva tacere.

– Papà...

– Ti ascolto, ragazzo.

– Quella ragazza... io non l'ho toccata, ti giuro, s'è inventata tutto...

– Ti credo, ragazzo. Quella è solo una povera stronza. Magari, un'altra volta devi essere piú veloce. Ricordati: o lotti, o scappi. Ma subito, eh? Non parliamone piú, va bene?

Tono condiscendente, strizzatina d'occhi allusiva. Forse non gli credeva. Forse era addirittura orgoglioso di aver allevato un galletto sudamericano col sangue caldo.

Il ragazzo fu sul punto di replicare, ma poi decise che era meglio lasciar perdere. Suo padre gli scompigliò i capelli in un gesto affettuoso, e gli chiese di dargli il telefonino.

– Ce l'hai tu.

– Sei sicuro?

– Ma sí, te l'ho dato prima di entrare in quel posto di merda. Guarda bene...

Ma il telefonino non saltò fuori. Allora Manuel capí che l'aveva perso durante la colluttazione, e si fece cupo, e riavviò il motore, e disse che sarebbero tornati indietro, che se lo sarebbero ripreso.

– Ma con gentilezza, eh? È stato tutto un errore, e adesso noi glielo spieghiamo. Ma tu non sei obbligato a venire...

Suo padre, Manuel, con la sua morale da immigrato pulito che lavora e non rompe i coglioni al prossimo. Il ragazzo disse che non lo avrebbe lasciato solo, e Manuel tornò a scompigliargli i capelli, e disse due o tre volte «Sí, sí,», sempre piú convinto, e prima di rimettersi in marcia gli strinse forte la mano e aggiunse:

– Lascia fare a me. Sistemerò tutto!

V.

Da qualunque prospettiva si guardasse al fatto, la conclusione era una sola: tutta la colpa stava dalla parte degli stranieri. Orazio se n'era convinto quando aveva visto che andavano via a bordo di una grossa, lustra Mercedes con la radio che mandava musica sudamericana a tutto volume. Neanche lavorando tutta la vita senza cacare una lira di tasse si sarebbe potuto per-

mettere una macchina cosí. E invece, quella meraviglia
toccava in sorte a questi puzzolenti miserabili, ladri,
spacciatori di droga, mercanti di morte. E come se l'erano comperato, sennò, quel cazzo di bolide? Il suo amico Sciutto, un siciliano con la voce chioccia e un pomo
d'Adamo a prova di nodo di cravatta, diceva sempre
che il mercato è in mano ai sudamericani. Sono loro che
importano l'eroina che distrugge i giovani. Peccato che
Sciutto non avesse risposto al telefono, prima: se ci fosse stato, avrebbe potuto fare una bella retata. Quei due,
il tarchiato e suo figlio, non gli erano piaciuti da subito. Sensazioni che uno matura quando fa da una vita lo
stesso mestiere. Arroganti, con quei sorrisi falsi, e quei
capelli unti che puzzavano di chissà quale gel, magari
nascondevano la roba nei pannolini dei figli, e tutte
quelle chiacchiere sul lavoro, e la festa... Portavano
guai, quei due, si vedeva lontano un miglio.

Comunque, quarantacinque minuti alla chiusura. E
poi sarebbe finita. Se solo avesse trovato un disgrazia-
to disposto a rilevare il bar... C'era stato uno, tre anni
prima, un napoletano col Rolex e una catenina al collo
grossa come una noce di cocco. A sentire lui, aveva grandi progetti: un ristorante qua, un dancing là, forse una
discoteca addirittura... Gli era bastato passare due serate al tavolo vicino al juke-box per cambiare idea. –
Mi farò vivo, stattebbuo'. – Svanito nell'aria. Ci sarebbe morto, in quel posto di merda. Quaranta minuti. Katia continuava a piangere. Nemmeno gli scherzi
del Leva riuscivano a calmarla. Il Leva che faceva il matto con un telefonino nuovo nuovo... No, cosí non si poteva andare avanti.

– Io chiuderei un po' prima, ragazzi...

– Io invece ho sete – disse Tappo asciutto.

Orazio annuí e si mise a preparare cioccolato caldo
per tutti.

– Offro io. Poi, però ve ne andate, eh?

Perché vai a sapere, magari i cileni tornano, e coi
rinforzi. Per vendicarsi. Forse avrebbe dovuto rite-
lefonare all'amico poliziotto. Non si sa che cosa può

succedere, in certe serate. E lui se lo sentiva dentro che qualcosa doveva succedere ancora.

Portò la cioccolata al tavolo. Tappo fece di no con la testa e ordinò beffardo una tequila. Luca e il Leva si accodarono. La cioccolata aveva calmato Katia, che adesso s'era rifugiata tranquilla nelle braccia del suo fidanzato, ed erano ricominciate le carezze. Orazio portò le tequile.

– E adesso...

– 'A Ora', mo' hai rotto! Non ce ne andiamo, chiaro?

– E se quelli tornano?

– Gli diamo il resto, va bene?

– Ragazzi, magari tornano con le pistole. Io chiamo la polizia...

Il Leva se ne uscí in una grassa risata e sventolò il telefonino.

– Sí, sí, chiamamo gli specialotti[3], ma co' questo, eh, cosí ci facciamo due risate!

Venne fuori, allora, che il telefonino era di Manuel, il cileno vecchio. Il Leva gliel'aveva preso durante la colluttazione.

Katia mise il broncio: ma come, non s'era lanciato, il Leva, per difendere la sua ragazza, non era stato un gesto d'amore... l'aveva fatto solo per rubare?

– Rubare, che parola! Me lo so' trovato in mano... che dovevo fa'? Gli dicevo, scusa tanto, è roba tua, tieni? Gli sta bene, gli sta, se la so' andata a cercare!

– Motorola microtac – commentò Tappo – bel modello, bravo!

– Hai visto? Hai visto? Dicevi che non so' bono a levare, e invece... Leva Due: la vendetta. Il Leva ha colpito ancora!

– Mitico, – ironizzò Tappo – e adesso che ci fai?

– Me rivendo la scheda e ce alzo tre piotte... Che ne dici, eh?

---

[3] Gli specialotti sono, in gergo, gli agenti delle squadre antidroga e antiscippo di Polizia e Carabinieri: vestono in borghese, spesso infiltrati nelle bande giovanili, e sono noti per la rapidità e la violenza dei loro interventi.

Tappo posò su Orazio uno sguardo da serpente e disse, lentamente:

– Naturalmente, Orazio, contiamo su di te...

Orazio si sentí avvampare. Ma che si credevano, quegli stronzetti? Che si sarebbe giocato la licenza per le loro bravate? Adesso stavano esagerando. Doveva solo evitare lo scontro lí, sul momento. Trentadue minuti alla chiusura. Aspettare. E poi ci avrebbe pensato lui con Sciutto. Volete farvi i cazzi vostri? E fateveli con discrezione, senza coinvolgere chi non c'entra. Quella era rapina. Rapina bella e buona.

– Ma che state a di'... – sorrise, rassicurante.

Ma Tappo era come se gli avesse letto nella testa. Non ci pensava già piú a chiamare la polizia. Se veniva fuori la storia del furto, erano cazzi. Come niente, coi precedenti del Leva finiva a rapina. Anche se, pensandoci bene, si poteva sempre dire che quei bastardi l'apparecchio l'avevano perso da qualche altra parte. E cazzi pure loro se veniva fuori la storia della mano in culo a Katia: quella era molestia sessuale.

Tappo gli stava offrendo una via d'uscita. Sembrava un bruto, Tappo, ma a quanto pare aveva anche cervello. Sí, avrebbe potuto dire... sí, forse non ci sarebbe stata nessuna denuncia. Sí, dopo tutto era meglio farsi i cazzi propri. Non disse niente, Orazio, ma Tappo capí tutto.

– Orazio sta con noi. I cileni hanno avuto quello che si meritavano. Tu che dici, Luca?

– Sí, sí, va bene.

Tappo sorrise e ordinò un'altra tequila.

– Non mi piacciono gli stranieri, – disse il Leva.

– Tutti o solo quei due? – provocò Tappo.

Il Leva si grattò tra le gambe: era il suo modo di comunicare una sensazione di difficoltà. Ci pensò un po' su, poi rispose: – Tutti.

– Anche Ronaldo? Anche Eriksson?

– Vaffanculo, Tappo, che so' gli esami de maturità?

Tappo disse che in palestra aveva conosciuto uno straniero molto togo, un istruttore coreano. Aggiunse che era stato proprio lui a fargli capire «lo spirito della lotta».

– Ve l'ho mai raccontato com'è che ho deciso di fare karate?

Luca chiuse gli occhi. Tappo attaccò con la solita solfa del ragazzo mingherlino che tutti prendevano per il culo. Piano piano le parole si confondevano in un sussurro ritmato, come una musica che solo Luca era in grado di sentire. Andare via, andare via... a tratti qualche brandello di chiacchiera perforava il velo che era calato tra lui e gli altri... – C'era uno che rompeva, in piazzetta, e adesso non cammina piú –... andare via... che cosa lo legava a quella gente? Non dicevano tutti, a scuola, che era un allievo brillante? Che lui, sí, ce l'aveva un futuro davanti? Tappo si agitava, carico di cattiveria, e il Leva moriva dalle sue labbra, e Katia, annoiata, si rifaceva il trucco. Andarsene, pensava Luca. Ragazzi del cazzo, stranieri del cazzo, pensava Orazio, ancora diciotto minuti, domani riposo, lunedí non riapro, Orazio ha chiuso, Orazio parte.

Poi sulla soglia comparvero i due cileni.

Orazio capí subito che cosa doveva fare, e si precipitò nel retro.

VI.

– Una parola, por favor...

Aveva parlato quello piú anziano, Manuel. Sembrava deciso, sicuro di sé. Il ragazzo era sempre piú pallido e stranito. Si vedeva che cercava di farsi coraggio, ma non era cosa sua. Tappo allargò le braccia.

– Manuel, amico mio! Vieni, vieni, che c'ho un regalino per te...

– Io non cerco guai. Voglio solo il mio telefonino. E poi tutto finisce.

– Quale telefonino? Questo telefonino?

Il Leva fece salterellare l'apparecchio da una mano all'altra e digitò un numero a caso.

– Pronto? Chi parla? Io sono quel ricchione di Manuel, il cileno... Come dice? Ah, adesso riferisco...
Senti, frocione, dice che te lo puoi mettere nel culo, il
tuo telefonino...

Tappo rise. Si alzò, pronto a scattare. Anche Luca
si alzò, meccanicamente. Katia gli si strinse contro.

– Falli smettere, per favore...

Luca fece un passo avanti. Dalla porticina sul retro
sbucò Orazio. Tutto rosso in volto, i lineamenti stra-
volti, puntò diritto sugli stranieri, brandendo una mazzetta da carpentiere.

– Fuori! Fuori dal mio locale! Fuori, capito?

Manuel protese le mani, in segno di pace.

– Senta, voglio solo riavere il telefonino.

– Vaffanculo, spacciatore di merda! Fuori dai coglioni!

– Mi lasci fare una telefonata. Chiamiamo il 113, e
ci mettiamo buoni buoni ad aspettare. Quando arriva
la Polizia, si risolve tutto. Siamo persone civili...

– Il telefono è guasto. Vaffanculo, andatevene fuori dai coglioni!

Manuel si voltò verso il ragazzo.

– Avevi ragione tu. Non c'è niente da fare. Andiamo dai Carabinieri.

Tappo si fece sotto, minaccioso.

– E che gli dici, ai Carabinieri?

– Che mi avete rubato il cellulare.

– Qua nessuno ruba niente, chiaro?

Manuel alzò le mani.

– Allora vuol dire che mi è caduto, prima. Voi l'avete trovato e adesso me lo ridate.

– Vaffanculo, fuori! – ripeté Orazio.

Tappo lo zittí. Il tono ragionevole dello straniero
l'aveva lasciato interdetto. Era ancora in grado di ri-
conoscere la forza. L'istruttore diceva che la forza deve essere prima riconosciuta e poi rispettata. Soprattutto prima di un combattimento. E Manuel possedeva la forza. L'aveva sottovalutato, prima. Manuel non
aveva paura di lui. Forza. Rispetto. Si avvicinò al Le-

va e gli sussurrò qualcosa all'orecchio. Il Leva chinò il capo e avanzò mogio verso Manuel, tendendogli il telefonino. Manuel sorrise. Ma Orazio stava da un'altra parte.

– Vaffanculo, ho detto fuori dal mio locale. Sbrigateveli fuori di qui i cazzi vostri! – strillò, isterico.

– Piantala – disse, secco, Tappo.

– Tu non mi dai ordini, stronzetto! Questo è il mio locale!

E calò un colpo su Manuel.

Era un colpo debole, poco convinto, ma bastò come segnale.

– Ma sí, vaffanculo, sí! – urlò Tappo, lanciandosi. Si lanciò anche il Leva, con un grido selvaggio.

Manuel cadde al primo urto: una gomitata sotto la gola.

VII.

«Sono solo uno spettatore, un estraneo», si ripeteva Luca, immobile, con Katia al braccio che piangeva e urlava: – Falli smettere, ti prego, fa' qualcosa. – «Sono uno che se n'è già andato». La mazzetta era scivolata di mano a Orazio, che non riusciva a dominare uno scomposto tremolio. Quanto era durato il tutto? Uno, due minuti? Mentre il Leva si accaniva, ed erano piú i colpi a vuoto che quelli al bersaglio, Tappo danzava elegante, leggero intorno al corpo del cileno. Le punte dei suoi stivali chiodati schioccavano contro il cranio a ritmo di rap. E il ragazzo... il ragazzo se ne stava aggrappato al bancone con gli occhi spalancati e il volto di un pallore mortale. Siamo della stessa razza, pensò Luca, persino con simpatia, spettatori, estranei.

– Via, andiamo, – ordinò Tappo, e con il Leva al seguito si precipitò verso l'uscita.

Sulla soglia si voltarono.

– Katia, Luca, muovetevi, cazzo, qui tra un po' arrivano i Carabinieri... pensaci tu, Leva!

Leva tornò sui suoi passi e si caricò Katia in spalla. Luca non si mosse finché Tappo non gli fu a fianco.

– Non vuoi menare? E va bene, sei un vigliacco. Ma almeno vieni via, e subito, stronzo!

Chino sul corpo, il ragazzo cercava di rianimare il padre. Luca gli andò vicino. Provò la tentazione di posargli una mano sulla spalla, ma lasciò perdere. A che sarebbe servito? Manuel non si muoveva piú. E tutto sprofondava in un silenzio irreale. Seguí Tappo, obbediente, rassegnato.

Piú tardi, in macchina, disse agli amici che il ragazzo non aveva toccato Katia. Era stato tutto uno stupido equivoco. Nessuno gli chiese perché non l'aveva detto subito.

– E chi se ne frega, – disse Tappo – era solo uno straniero di merda.

Lo stesso concetto che sarebbe poi stato espresso al processo dal signor Orazio: anche se con parole leggermente diverse.

Cassandra

I.

Il primo dirigente glielo aveva presentato come un collega in licenza, ma Marco riconobbe immediatamente l'ometto ingrigito dai modi cortesi e un po' falsi: un ex poliziotto radiato per indegnità dopo una condanna per sfruttamento della prostituzione. Al processo s'era meritato la condizionale: non era chiaro se per aver fatto alcuni nomi o per averne taciuti altri. Lo usavano, a volte, come informatore. Limitandosi a un cenno del capo, Marco squadrò freddamente l'ex collega. Il superiore annuí. Visto che tutti sapevano, era inutile perdersi nei preliminari. Il poliziotto indegno si schiarí la voce e raccontò la sua storia. Su alcuni particolari fu reticente, su altri si dilungò, cercando di ritagliare per sé un ruolo che il passato, la sua rovinosa caduta, erano ben lungi dal giustificare. Mentiva, ma non sulla dichiarazione che aveva stimolato l'interesse del Servizio: c'è una certa Cassandra che va dicendo in giro che chi le dà noia ci penserà il Nero a sistemarlo; gli farà fare la fine del Cinese dei Quattro Caselli.

Pagato e liquidato l'informatore, Marco si disse d'accordo con il primo dirigente: per quanto la segnalazione fosse oltremodo generica – e provenisse da fonte inattendibile – pure appariva opportuna una minima indagine.

Mentre il superiore gli illustrava a grandi linee i dettagli del caso, Marco accarezzava la fotografia di Luca. Non se ne liberava mai. Era stato lui a scattarla, il giorno del diciannovesimo compleanno. A ciascuno dei due il padre aveva regalato una bella motocicletta. La sua Luca aveva voluto provarla subito. Non era mai piú tornato. Sfiorare quel volto aperto in un eterno sorriso in kodachrome era come rifiutarsi di interrompere il corto circuito della materia che gliel'aveva portato via. Qualcosa di malsano, ma irrinunciabile. Nessuno, nel Servizio, conosceva la sua storia. Lo giudicavano uno un po' strano: diverso, ma in fondo corretto. Lo rispettavano, senza amarlo. Il primo dirigente si interruppe, seccato dalla sua aria svagata.

– Mi sta ascoltando?

– Sí, certo, dottore...

– Bene. C'è un'altra cosa che devo dirle... riguarda quella Cassandra...

II.

Notte di primavera. Al Rifugio giravano i soliti quattro morti di fame. Pioveva su Quattro Caselli.

Di ritorno dal bagno delle ragazze, Cassandra sistemò nelle orecchie i cavetti del walkman e andò a sedersi a un tavolino in ombra.

Patty, voce calda, roca e sensuale, sussurrava *La cambio io la vita che non ce la fa a cambiare me.* La sua canzone.

Ma Cassandra pensava che non c'è niente al mondo che possa essere cambiato, niente in grado di placare la pena sorda che le opprimeva l'anima, incapace persino di trovare lo sfogo di un pianto sincero.

Pescò nella borsetta il cellulare. Il display segnalava un'ottusa data, uno stupido orario. Lui non aveva chiamato. Spense l'apparecchio con un gesto secco. C'era cascata ancora, e adesso chissà quando sarebbe riuscita a dimenticarlo. Parlava d'amore ed era solo un'altra scopata del sabato sera. Cassandra chiuse gli occhi. *Dimmi che non vuoi morire,* sussurrava Patty. Patty, la dea. Ma anche gli dèi possono sbagliarsi. Le saettò in mente l'immagine di un'etichetta di sonniferi: tre pillole, un lungo sonno, dieci pillole chissà. Dimmi che non vuoi morire...

Riaprí gli occhi. Dal bancone del bar, il Nero le sorrideva, agitando un boccale di birra. Cassandra fece cenno di no. Il Nero porse la birra a Lulú. Lei bevve tutto d'un fiato, poi si passò la mano sul collo, agitandosi tutta sul seggiolino. Come se stesse uscendo dalla scopata della vita. Serpente e Lothar si stavano sfidando a braccio di ferro. Gli schermi sulle pareti rimandavano un video in bianco e nero: un'anoressica si dava da fare con quattro giganti tatuati su grosse moto. Li provocava, poi sul piú bello si tirava indietro, e dalla sua bocca partivano, urlate, le sillabe della canzone. Ma Cassandra, immersa nella sua Patty, non poteva sentirle.

Lulú si stava avvicinando. La maglietta con la svastica sollevata sull'ombelico, il solito sorriso tra strafatto e sfottente. Le girò intorno, e quando fu alle sue spalle, le scoccò un bacio sulla nuca. Sapeva di sudore, cuoio, cipolla e fumo stantio. Uno schifo. Cassandra la respinse con un gesto deciso. Lulú si passò una mano tra le gambe e si avviò ancheggiando al bagno delle ragazze. La canzone era finita. Cassandra si sfilò gli auricolari. Il sonoro del Rifugio la ferí. Tre pillole, un lungo sonno, dieci pillole, chissà. Indossando il suo piú bel vestito, un trucco diafano, con rose sparse sul letto e un CD di Patty a basso volume. Chissà se avrebbero colto l'aspetto ironico della vicenda: un suicidio sullo sfondo di *Dimmi che non vuoi morire...*

Perché restava lí? Perché non se ne tornava a casa? Che cosa stava aspettando? O forse, a che cosa stava cercando di sfuggire? Si trattava forse di rimandare un appuntamento inevitabile? Tre pillole... dieci pillole... Ancora, il Nero le sorrideva. Un sorriso d'intesa, un invito a non mollare. Questa volta gli sorrise di rimando. Un sorriso falso, forzato. Ma andava già meglio: canticchiando *Cassandra senza speranza*, si alzò, barcollando sul precario equilibrio degli alti tacchi. Poteva rifugiarsi nella sua stanza con il video di *Via col vento* o cercarsi un uomo lungo la via del ritorno. Poteva sempre fermarsi a cinque pillole: giusto per vedere l'effetto che fa. Purché non le capitasse come a quella diva americana che, alla fine, per una dose sbagliata, s'era affogata nel suo vomito.

Un paio di avventori occasionali, camionisti con gli occhi gonfi di sonno e di voglie, fischiarono al suo passaggio. Volutamente, sottolineò il movimento delle anche. Le piaceva essere ammirata. Le sue lunghe gambe inguainate nelle calze nere, la gonna cortissima, il top rosa, i lunghi capelli biondi pettinati come quelli di Patty dal parrucchiere di Patty... tutti la guardavano, molti la desideravano, nessuno l'amava.

Si fermò al bancone. Il Nero continuava a sorriderle. Ordinò un succo di pompelmo. Il Nero le mise davanti due dita di whisky. Lo buttò giú d'un fiato, stringendosi nelle spalle, augurandosi che la bevuta non compromettesse troppo l'alito. Per chi, poi? E per che finale di serata, se tutto, intorno a lei, sprofondava? Cercò con lo sguardo il Nero. Voleva solo ringraziarlo per la sua muta gentilezza. Ma il Nero aveva smesso di sorridere, e sulla sua lunga faccia triste s'era impiantata l'espressione tesa che Cassandra ben conosceva. Doveva essere entrato qualche estraneo. Il Nero, con un rapido movimento d'occhi, lo stava indicando a Serpente e a Lothar. I due smisero di misurarsi a braccio di ferro e si disposero all'osservazione con l'aria indolente di due bulli di periferia. Era sempre cosí, quando qualche estraneo capitava al Rifugio. Il Nero odiava gli estranei. Non si sa mai, diceva, chi si può nascondere dietro la maschera di un estraneo: un passante distratto, certo, ma anche un poliziotto in missione o, chissà, un comunista o un meticcio. – Certo non un negro – gli aveva risposto, una volta. Voleva essere una battuta: un negro non può nascondersi. Un negro si vede che è negro. Ma il Nero non amava scherzare sull'argomento. E poi di negri non ne capitavano piú da mesi, al Rifugio. Peccato. I negri sono gentili, alcuni anche belli. Proprio non riusciva a odiarli, i negri.

Comunque, seguí la direzione dello sguardo del Nero. E lo vide. E il cuore le balzò in gola. Esistevano ancora, uomini cosí? Alto, biondo, con i capelli corti e lisci, due spalle da sogno, una camicia bianca e jeans su un ventre asciutto e muscoloso, giovane, giovane e bello come un dio, qualcosa a metà tra Raz Degan e Brad Pitt, e in fondo agli incredibili occhi verdi un pizzico di malvagità alla Leonardo Di Caprio, uno di quelli che hanno l'aura, una scarica atomica di feromoni, un sapore di maschio che perforava l'aria fetida del Rifugio... decise che per lei sarebbe stato sempre *Bello-come-un-dio*. Lo desiderò. Lo desiderò con tutta l'immensa, disperata forza della sua solitudine.

L'aveva notato anche Lulú. Stava tornando dal bagno, si era messa qualcosa per coprire il cocktail di puzze, cosí adesso spandeva una scia di fetore coperto da un profumino da puttanella. E puntava su di lui, diretta e sfacciata, sculettando e spingendo in avanti quelle ridicole tettine da adolescente allevata male, con quei capelli sporchi e mesciati che lasciava ondeggiare come le top model della tv...

Bello-come-un-dio stava chiedendo qualcosa al Nero, dall'altro lato del bancone. Il Nero rispondeva a gesti e grugniti. Bello-come-un-dio aveva un sorriso dolce, quasi imbarazzato. Lulú finse di perdere l'equilibrio e gli cadde addosso. Bello-come-un-dio si scusò, anche se non aveva nessuna colpa. Il Nero annuí e lanciò un ordine di sguardi al Serpente. Il Serpente mormorò qualcosa all'orecchio di Lothar. Si rimisero a giocare a braccio di ferro. Il Nero serví una birra a Bello-come-un-dio. Voleva dire che l'estraneo era ok. Tutto a posto, quindi. Bello-come-un-dio prese la sua birra e andò a sedersi a un tavolino. Lulú lo seguí. Cassandra si ripassò il rossetto color pervinca e accavallò le gambe. Non era proprio concepibile che si perdesse con una stronzetta come Lulú. Lei, intanto, rideva, convinta di aver detto forse qualcosa di spiritoso. Bello-come-un-dio si alzò, guardandosi intorno indeciso. Lulú mise il broncio. Cassandra si chiese se non fosse giunto il mo-

mento di passare all'azione. Incrociò lo sguardo del Nero. Gli chiese un altro whisky. Il Nero glielo serví senza sorridere.

– Posso sedermi qui?

Bello-come-un-dio le stava sorridendo. Prima di rispondere, Cassandra chiuse gli occhi e aspirò profon-
damente. Un dopobarba tenue e discreto, molto virile. Nessuna traccia di sudore. Freschezza, e l'aura, quel
flusso violento e teso che ti afferra alla bocca dello stomaco e ti scombussola il ventre.

– Dipende, – rispose, in un sussurro profondo.

– E da che cosa?

– Dalle intenzioni.

– Io voglio solo bere una birra e fare quattro chiacchiere. Non conosco nessuno e ho pensato...

– Tutto qui?

Bello-come-un-dio sgranò due incredibili occhi verdi. Cassandra si maledisse. Era stata troppo aggressiva.
Civetta sino all'inverosimile. Tanto valeva dire «Voglio
essere scopata sino allo sfinimento». Per un certo verso, sarebbe stato piú signorile. Ora lui se ne sarebbe andato con un sorrisino di circostanza. E lei gli sarebbe
andata dietro, come una cretina. Disposta a tutto. Ma
Bello-come-un-dio continuava a sorriderle, solo lieve-
mente piú imbarazzato.

– Vuol dire «No, grazie, aspetto qualcuno»?

– Vuol dire «Qui si sta scomodi, andiamocene lag-
giú».

III.

Prima di iniziare il lavoro, si era documentato sulla
zona d'operazioni. Tutto quello che era riuscito a sapere di Quattro Caselli si limitava a poche note di un
libro sulle antiche vie della città. Tanto, tanto tempo
prima c'era stata una via consolare con una stazione di
cambio che chiamavano «Quattro cavalli». Poi, quando i quadrupedi erano stati sostituiti dalle automobili,

la via consolare era stata seppellita da una mezza dozzina di strati di macadam e i quattro cavalli erano di-
ventati, chissà perché, quattro caselli. Ciò che aveva visto durante i sopralluoghi l'aveva lasciato senza parole:
un crocevia delimitato da una farmacia, un bar-ristorante, un emporio e un ponte su una scarpata sotto cui
scorreva un rigagnolo maleodorante pieno di rifiuti. Sullo sfondo, una fermata d'autobus, gli archi di un antico acquedotto e i tetri caseggiati di un'anonima borgata malcresciuta. Tutto era sciatto, malcurato, malvissu-
to. Terra polverosa, verde marcio, benzene e altri miasmi
e un traffico del demonio tutto in direzione della città:
come dire che ti invitavano a venirci, ai Quattro Caselli, finché non ti coglieva la frenesia di fuggirne il piú
lontano possibile. Se questo era vivere nella grande me-
tropoli... Si consolò pensando che il lavoro sarebbe comunque stato di breve durata: in fondo, nessuno aveva
preso sul serio la segnalazione di quell'ex collega cor-
rotto.

Quanto al bar-ristorante che chiamavano Il Rifugio,
faceva venire voglia di bombe al napalm: lí dentro, lo si
coglieva al primo sguardo, c'era solo gente di merda.
Tosti camionisti, pendolari ingobbiti, il barman con la
faccia triste che aveva scambiato i segnali di fumo con
due tagliagole, quasi che avessero fiutato lo sbirro dal
momento del suo ingresso, la finta biondina «scopami-
scopami» che non si sarebbe portato a letto nemmeno
sotto tortura... dovevano essere quelli del «gruppo» di
cui gli aveva parlato il capo.

C'era poi, naturalmente, il problema Cassandra:
all'anagrafe, Fonterossi Leonardo. Un transessuale. Davanti alla sua smorfia di perplessità, il primo dirigente
aveva inalberato il muso duro del capo: gli ordini non
si discutono, si eseguono.

Si era confidato con un esperto, un collega anziano,
il Calcopietro.

– Cassandra? Mai sentita nominare. Ma non mi piace, ha un nome che porta sfiga.

Stando al collega, avrebbe dovuto senz'altro rifiutare la missione. I trans portano malattie; hanno cacciato dalle strade le oneste puttane di una volta; sono violenti e lesti di coltello; mettono sul giornale annunci ambigui dove l'affare tra le gambe lo chiamano «grosso giocattolo» o «grossa sorpresa».

Ma il Calcopietro era uno della vecchia scuola: sedici anni sulla strada, ma nei tempi eroici, quando le cose si chiamavano con il loro nome, la Buoncostume non era diventata il «servizio di prevenzione dei delitti contro la libertà sessuale della persona», e per trattare con il mignottume indigeno e d'importazione servivano cervello scafato e una buona dotazione di muscoli, e i poliziotti non erano ancora stati trasformati in tanti assistenti sociali dalla lacrima facile.

Quelli della sua generazione, invece, la pensavano diversamente. Calcopietro aveva fatto prontamente girare la notizia. E con sua grande sorpresa Marco aveva scoperto quanto fossero popolari i trans nell'ambiente dei giovani poliziotti.

Gli avevano offerto da bere, erano stati prodighi di consigli e, con sottile invidia, lo avevano fatto sentire come un privilegiato. A quanto pare, a letto i trans sono formidabili. Basta trattarli con delicatezza e ricordarsi che sono donne. Semmai, aveva obbiettato, si trattava di dimenticare che sono uomini. Uno appena arrivato da Milano gli aveva dato del provinciale. A quanto pare, andare a letto con un uomo era considerato un peccato veniale.

Calcopietro li aveva mandati tutti al diavolo, riservandosi l'ultima battuta:

– Vabbe', se ti va di divertirti un po', fai pure... Ma attenzione, ragazzino: mai farsi coinvolgere. Dalla seconda scopata in poi diventi ufficialmente frocio!

Il suo compito era stabilire il ruolo di Cassandra: sapeva qualcosa? O aveva parlato a caso, cosí, tanto per levarsi di torno uno dei tanti seccatori in cui doveva imbattersi nelle sue elettriche notti sulla strada?

Per giunta, di «cinesi» misteriosamente scomparsi in zona Quattro Caselli non ce n'erano mai stati. A me-

no che non ci si volesse riferire a quell'Ibrahim, un gia-
vanese (certo che ormai arrivano da tutte le parti, 'sti
immigrati) che sei mesi prima si era schiantato giú dal
muretto sulla scarpata.

Ma il medico legale giurava sulla caduta accidentale. L'intera faccenda rischiava di essere quello che appariva sin dal primo momento: una grossa perdita di
tempo.

Nonostante il suo evidente nervosismo, l'approccio
era stato di una facilità persino offensiva. Doveva es-
serle piaciuto, visto come aveva reagito alla sua pri-
missima avance. Merito dell'estetica, indubbiamente.
Era per questo che avevano scelto lui. Della laurea e
dell'intelligenza investigativa se ne fregavano, nelle alte sfere. Cassandra comunque era gentile, anche se un
po' svenevole. Aveva una certa classe, non le mancava
l'ironia, sapeva difendersi in una conversazione e pro-
fumava in modo discreto. Al casellario risultava in-
censurata: caso strano, per un trans. Può darsi che bat-
tesse a casa, o forse era soltanto questione di tempo, e
prima o poi anche lei sarebbe finita in mezzo a qualche
retata. Da certi tremori si coglieva un'acuta sensibilità,
e poi anche a lui piaceva essere ammirato, e non c'era
dubbio che avesse fatto colpo. Era stato attentissimo
a non tradirsi, rivolgendosi costantemente a lei come a
una ragazza incontrata per caso in una merda di bar di
periferia. Cassandra gli aveva detto che, vedendolo,
l'aveva scambiato per uno straniero. Doveva conside-
rarlo un complimento? Uno straniero del Nord, ovviamente, altrimenti non sarebbero stati lí a parlarne,
e – stando ai sospetti – non gli avrebbero certo permesso di mettere piede nel Rifugio. Si era divertito a
leggere lo stupore che si dipingeva nei suoi occhi quando le aveva rivelato di essere nato nella provincia di
Benevento. Non era la prima volta che gli capitava: la
gente pensa ancora che i meridionali siano tutti corti e
neri, come se i Longobardi non avessero dominato per
secoli dalle Alpi a Bari.

Un po' alla volta, il nervosismo si era sciolto. Parla-

rono per due ore e quattro birre. Le raccontò, naturalmente, la «leggenda» che aveva elaborato insieme al
primo dirigente, ma si accorse presto di aver mentito
solo quando era strettamente necessario. Sí, le aveva
confidato molte cose vere di sé; e sapeva molto poco di
lei. Un peccato di narcisismo, forse, l'aveva spinto a ri-
velarle persino la storia del fratello. Il dolore, sincero,
che aveva letto nei suoi occhi, l'aveva colpito. Chiunque fosse, qualunque cosa fosse, Cassandra sapeva
cos'è la sofferenza che ti lacera quando perdi una parte di te. Prima di lasciare il Rifugio, lei gli presentò il
Nero, Serpente e Lothar, ignorando Lulú, che se ne
stava stravaccata su una sedia con una mano nella patta dei jeans.

Si scambiarono saluti diffidenti, e infine la riaccompagnò a casa in moto, la sua grossa, lucente Kawasaki che faceva sempre colpo sulle ragazze. Constatò
con stupore che non viveva in borgata, ma quasi vicino al centro, sull'Appia, dalle parti di Re di Roma. Le
effusioni si limitarono a un casto bacio e alla promessa di rivedersi presto. Lungo la via del ritorno, riassa-
porando il suo profumo, notò, con un certo sgomento,
che era stato naturale pensare a Cassandra come a una
ragazza, anche carina. Non si erano scambiati i numeri
di telefono.

– Sai dove trovarmi, – gli aveva detto lei.

Per quella prima serata, l'agente della Digos Marco
Zucca annotò sul rapporto: «Preso contatto con il no-
minativo segnalato».

IV.

– Viene da una famiglia ricca. Farmacisti da genera-
zioni. Lui è considerato un po' la pecora nera, perché
ha piantato tutto e si è messo a girare il mondo. Ha fatto anche il marinaio. Con quello che guadagna, si ferma un po' qua e un po' là. Mi ha detto anche che aveva un gemello. Erano legatissimi. Poi Luca – si chia-

mava cosí – è morto in un incidente. E lui non è stato
piú quello di prima.

– Patetico.

Lulú faceva i palloncini con la gomma da masticare.
Cassandra non le concesse piú di un'alzata di spalle e
un commento sarcastico:

– Non sei il suo tipo, carina. Ti manca una cosa che
si chiama «classe».

Serpente rise, sibilando tra i denti marci. Il Nero
finí di riempire un canestro di tazzine sporche e avviò
la lavastoviglie.

– Quello che mi chiedo è: come ci è capitato uno cosí a Quattro Caselli?

– Gli sarà piaciuto il posto, – rispose Cassandra, già
sulla difensiva.

Il Nero fece segno di no.

– Nessuno capita per caso a Quattro Caselli.

– È mio amico ed è a posto, va bene?

Il Nero si strinse nelle spalle.

– Finché non fa casino, puoi tenertelo, il tuo bion-
done. Ma sta' attenta a non sgarrare, Cassandra. Conosci le regole…

Serpente fece partire un altro risolino e cominciò a
battere il pugno della sinistra contro il palmo della destra. Cassandra scaraventò sul pavimento il suo bicchiere con i resti del succo di pompelmo.

– È la mia vita, Nero. Non mi va che t'impicci.

– Oh, l'amore, l'amore… – sghignazzò Lulú.

Cassandra aveva voglia di affondare le lunghe unghie laccate in quella smunta faccina senza sentimenti. La trattenne un'occhiata eloquente di Serpente.

– Gliel'hai già detto? – s'informò il Nero, con finta indifferenza.

Si sentí avvampare. Spinse indietro lo sgabello con
un sorrisetto cattivo e si avviò con studiata lentezza al
bagno delle ragazze. La domanda del Nero aveva fatto riesplodere tutta la sua insicurezza. E se Marco non
fosse piú tornato? Non aveva nemmeno il suo telefono… e dire che si era sentita cosí sicura di sé!

Per recuperare il dominio, si contemplò a lungo nello specchio. Considerò il suo volto particolare, gli zigomi alti, gli occhi dal taglio a mandorla accesi dai riflessi violetti di piccole pagliuzze iridescenti. Amava il suo piccolo seno, le sue lunghe gambe, il ventre piatto. Tutti la trovavano attraente, perché non anche Marco? Per lui aveva scelto un insieme da ragazza fresca: camicetta e jeans, solo un girocollo, trucco inesistente. Sí, sarebbe tornato, e non ci sarebbe stato bisogno di dirgli niente. Marco era gentile, tenero, sincero, anche se i muscoli erano da professionista e c'era da giurare che non si sarebbe tirato indietro di fronte alla prospettiva di usarli. Ma per quanto si fosse sforzato di non dar peso alla cosa, era evidente che si era accorto subito che lei era un trans. L'avrebbe accettata sino in fondo? Forse stava valutando la situazione. Forse era un'esperienza nuova, per lui. L'avrebbe preso per mano e condotto alla meta con la stessa delicatezza che lui le aveva usata. Ci voleva del tempo, e non era quello che mancava. Se solo fosse riuscita a dominarsi... Se non si fosse già ingannata tante, troppe volte, sarebbe stata disposta a giurare che Marco era l'amore definitivo.

Finalmente rassicurata, rientrò nel salone. Alla compagnia s'era aggiunto Lothar. Gesticolava, indicando qualcosa di là dalla vetrata che affacciava sui Quattro Caselli. Mentre si avvicinava con passo indolente al bancone, vide Lulú e Serpente scattare verso l'uscita. Lothar li seguiva a ruota. Il Nero attese che si fossero allontanati, si liberò della parannanza e scavalcò agilmente il bancone.

– Ci sono due marocchini. Finalmente!

Cassandra gli andò dietro di malavoglia. Il fatto è che non aveva voglia di restare tutta sola nel locale. Qualcuno poteva scambiarla per una cameriera, o magari per qualcosa di peggio. Sul piazzale davanti alla farmacia c'erano due di quei venditori con le sacche nere piene di carabattole, elefantini di legno, transistor e orologi da due soldi, giocattoli made in Taiwan. Il Nero e i suoi li avevano circondati. Riconobbe il Pelato, Scrofola, il fratellino di Lulú, quattordici anni di cattiveria, Tre denari e molti altri. Tutto il gruppo al completo, insomma. I marocchini cercavano di proteggere le borse con la mercanzia. Gridavano qualcosa in uno stentato italiano. Il Nero restava a qualche passo di distanza. C'erano anche gruppetti di abitanti di Quattro Caselli: si godevano, divertiti, lo spettacolo. Cassandra se n'era rimasta sulla soglia del Rifugio. Provava un po' di pena per quei disgraziati, ma in fondo erano cose che non la riguardavano. Niente sarebbe riuscito a rovinare la sua decisiva serata d'amore. A un cenno del capo del Nero, i quindici partirono alla carica. Vide che Lulú brandiva una mazza di legno quasi piú grande di lei, vide un turbinare di colpi, sentí grida scomposte e lamenti, e poi, girando lo sguardo dal lato del muretto, vide Marco. Osservava la scena, le vene del collo gonfie. Cassandra ebbe paura che stesse per intervenire, attraversò lo spiazzo correndo sulle scarpe basse, gli andò vicino, lo prese per mano.

– Andiamo via, – sussurrò. Marco la condusse in silenzio alla moto.

v.

L'episodio aveva irrimediabilmente rovinato la serata con Cassandra: lei gli aveva chiesto di riportarla a casa, si erano scambiati i numeri di telefono e poi era sparita senza nemmeno un saluto.

Marco riferí al primo dirigente che gli africani si erano salvati: dallo specchietto della moto li aveva visti darsi alla fuga a bordo di una scassatissima Mercedes.

Naturalmente, non c'era stata denuncia. Certo si trattava di clandestini: avrebbero già avuto seri problemi a giustificare al loro boss la perdita della merce.

Il primo dirigente aveva deciso di accantonare l'accaduto.

– Lo tireremo fuori al momento giusto. Intanto, bisogna insistere con quel frocio.

– Non è un frocio. È un transessuale.

Il primo dirigente gli aveva scoccato un'occhiata densa di sarcasmo.

Comunque, era chiaro che Mino il Bello ci aveva visto giusto. Il «gruppo» di Quattro Caselli esisteva, e non si limitava a una piccola banda di sfigati con l'ossessione degli stranieri. Il pestaggio era stato condotto con tecnica militare. Agivano inquadrati agli ordini di un capo: il Nero, evidentemente. Il Nero picchiava poco, ma scientificamente. Interveniva al momento opportuno, sapeva dove e come colpire. La piú esagitata era la nanerottola «scopami-scopami»: una piccola, disgustosa sadica furiosa. Marco disse anche che non era intervenuto perché gli era parso prematuro smascherare la copertura, e si sentí in dovere di aggiungere che la scelta gli pesava. Il primo dirigente, con un'altra occhiata sarcastica, gli aveva fatto capire che tanto scrupolo era sicuramente eccessivo.

– Vuole che le assegni un paio di unità di rinforzo?

– Vado avanti da solo.

– Ne è sicuro?

Perché quell'insistenza? Si dubitava delle sue capacità?

Nei due giorni successivi, Cassandra non si fece viva al Rifugio. Marco ne aveva approfittato per approfondire un po' la conoscenza degli altri. Ma il Nero evitava di rivolgergli la parola, e quanto a Lothar e a Serpente, c'era da dubitare che fossero capaci di organizzare una qualsiasi forma di compiuta conversazione. Restava solo Lulú, ma, per quanto si fosse sforzato, proprio non gli era riuscito di essere un minimo gentile con lei: aveva ancora negli occhi l'accanimento con cui aveva cercato di sfondare il cranio a quei disgraziati.

Cassandra ricomparve la terza sera, quando Marco si era quasi deciso a cercarla nella casa sull'Appia.

Portava un abito viola, il trucco e la pettinatura di Patty, una frangia a mezza fronte e il casco biondo cenere a bordo di una bigiotteria alla moda. Provocante, profumata, gli occhi scintillanti. Mentre, in una pizzeria del centro, lei non smetteva di chiacchierare, la vo-

ce un po' sopra le righe, bevendo vino bianco e inter-
calando osservazioni sarcastiche sui coatti del tavolo accanto, Marco capí che si trovava bene con lei. L'aveva
attesa per due giorni, mascherando da interesse professionale qualcosa che con l'indagine non aveva niente in
comune: il semplice, puro piacere della sua compagnia.
Ma c'era qualcosa che si potesse definire «pura», in tutto l'affare? Cassandra lo voleva, voleva il suo corpo, voleva amarlo ed essere amata. Era chiaro che tutta
quell'esibizione eccitata faceva parte di uno spettacolo
dedicato a lui. Qui non si trattava di rischiare un po' di
sesso strano con un'ambigua marchetta. Marco era troppo sensibile per non capire che Cassandra si stava in-
namorando di lui. Cosí, era dentro un gioco sporco. Lei
gli piaceva? Sicuramente, la trovava simpatica e dolce,
e piú la osservava, piú gli sembrava inverosimile l'ipo-
tesi di un suo coinvolgimento nelle imprese del Nero e
dei suoi scagnozzi. Ma da questo a desiderarla... Eppure, era attraente. Ma, un uomo, in fondo, non una
ragazza... I suoi colleghi continuavano a ripetergli che
non doveva perdere l'occasione. Lui si trincerava dietro le esigenze dell'indagine: ammettiamo che sia vera
la storia del cinese, ammettiamo che si vada al processo, che figura ci faccio se viene fuori che ci sono andato a letto? Ma i suoi colleghi avevano la risposta pronta: non le converrebbe sputtanarti e poi sarebbe sempre la sua parola contro la tua. Una marchetta contro
un onesto funzionario... Ma il problema non era il processo. Il problema erano lui e Cassandra.

   Cassandra gli stava dicendo che non aveva mai conosciuto sua madre e aveva ereditato un paio di appar-
tamenti e un po' di titoli dal padre, uno che pensava
sempre e solo al lavoro. Marco l'ascoltava distrattamente, piú attento al movimento delle sue belle labbra
che al senso del discorso.

   – A che pensi?
   – Penso che ti vesti come Patty Pravo, porti i capelli
come lei, cerchi di imitare la sua voce... ma perché ti
piace tanto?

Cassandra si strinse nelle spalle.

– È una che non si arrende mai. Proprio come me.
Lo sai che a un certo punto non aveva una lira? Una
come lei, una star... dalla sera alla mattina, nessuno piú
ti cerca, sei fuori dal giro... dev'essere terribile... sai
che ha fatto Patty? Ha posato per una rivista porno!
Però, attenzione! Niente roba pesante... solo un nudo
artistico e... insomma, un'altra al suo posto si sarebbe
tagliata i polsi, e lei invece...

Marco l'aveva ascoltata, un po' sorpreso: si aspettava una tirata sull'ambiguità della cantante, e invece...
che cosa stava cercando di dirgli Cassandra? Le prese
una mano, guidato da un'intuizione improvvisa. Cassandra lo lasciò fare, come se si stesse abbandonando
a una carezza tanto vaga quanto piena di sottintesi. Sí,
c'era una piccola cicatrice all'altezza del polso sinistro.
Lei seguí la linea del suo sguardo, e ritrasse il braccio,
indispettita. Frugò nella borsetta e accese una sigaretta. Guardava da un'altra parte, cercando di evitarlo.
Parlava di Patty, ma parlava di se stessa. Quando aveva tentato di uccidersi, Cassandra? Quante volte? E
perché? Per chi? Per un uomo sbagliato, per uno, per
cento traditori? Ma anche questo lui era in grado di capirlo. Non gli era forse successa la stessa cosa, dopo il
fatto di Luca? Ma dove stava il coraggio: nell'affrontare l'abisso, o nel mantenersi in bilico sull'orlo?

– Luca disse: vieni con me. Ma io non lo seguii. Non
mi sentivo sicuro. Ci ho messo due anni, poi, per salire sulla moto.

L'aveva detto a mezza voce, certo che Cassandra
l'avrebbe comunque compreso. Lei spense la sigaretta
e gli scoccò un sorriso meraviglioso.

– Sto bene con te...

– Anch'io...

Marco si chiese come sarebbe andata a finire se lei
fosse stata soltanto una bella ragazza un po' puttana
con gli amici sbagliati. Gli mulinavano confusamente
in testa frasi fatte: recuperare il distacco, assumere un
atteggiamento professionale... Ma, ancora una volta,

tutto questo non aveva niente a che vedere con ciò che gli accadeva. C'era una tensione, in lei, una spinta a darsi che... non era immune, stava prendendo parte, si stava schierando, quella ragazza, o ragazzo che fosse, gli piaceva. Ma c'era l'inchiesta! A questo punto, importava poco che la morte del cinese fosse stata o no un incidente. Li aveva visti in azione. C'era un rapporto. Forse avrebbe dovuto accettare l'offerta del primo dirigente. Forse doveva addirittura passare la mano. Perché, inevitabilmente, l'inchiesta avrebbe coinvolto Cassandra. Le avrebbero fatto del male. A meno che lui non l'avesse aiutata... poteva almeno provarci...

Cercò di introdurre cautamente il discorso.

– Non mi piacciono i tuoi amici, Cassandra. Non mi piace quello che ho visto l'altra sera.

– Non hai visto che una parte dello spettacolo, – rispose lei, improvvisamente amara.

Gli rivelò che, secondo le regole, avevano bruciato pubblicamente la merce degli stranieri, cantato inni e proclamato alla popolazione che Quattro Caselli era, e sarebbe per sempre rimasta, l'unica zona libera dal contagio del «meticciato».

– E la gente?

– Lasciano fare. Hanno paura del Nero.

– E tu hai paura del Nero?

– Siamo cresciuti insieme. Lui mi accetta, io mi faccio gli affari miei.

A Cassandra non piaceva la violenza. Ma sarebbe stata disposta a tradire i suoi amici? Cassandra provava la stessa sua pena per quei disgraziati colpevoli unicamente di non appartenere alla «razza ariana». Ma viveva in mezzo al «gruppo». Era una di loro? Fino a che punto l'avevano compromessa?

– Perché lo fanno?

– È la loro unica ragione di vita.

– È un gioco pericoloso, Cassandra. Un giorno o l'altro potrebbe scapparci il morto, e allora...

L'aveva vista irrigidirsi, spaventata dal suo accenno. Si era affrettato a cambiare discorso. Troppo tardi. Cassandra si era fatta lasciare a un taxi. Improvvisamente spenta, fredda e irraggiungibile.

Nel rapporto, Marco annotò: «Il soggetto è estraneo alle attività del gruppo, del quale non condivide l'ideologia. Non è stato possibile accertare se sia al corrente di elementi utili all'indagine».

VI.

Fu lei a cercarlo, due giorni dopo. Tornarono nella stessa pizzeria. Marco era in gran tiro, come per un appuntamento d'amore. Si sentiva pieno di confusione, scombussolato, indeciso su tutta la linea. Cassandra lo salutò con un bacio sulla guancia.

– Ti sei fatta nera! – notò lui.

– È la mia tinta naturale. Cosí non dirai piú che sono un clone di Patty!

Ma la cena, e poi la discoteca, si erano trascinate in un penoso crescendo di disagio. Cassandra ballava aggressiva, provocava i ragazzi con movenze sinuose, ma sembrava ignorarlo. Come se avesse deciso che lo spettacolo del suo corpo doveva essere dedicato a chiunque, fuorché a lui. Tra una puntata e l'altra in bagno, rispondeva a monosillabi alle sue domande, beveva troppo e disordinatamente. Si chiese se tirasse coca, e approfittando di una danza selvaggia di Cassandra con un grassone coperto di peli e di sudore, le perquisí la borsetta. Niente di sospetto. Un po' alla volta, scomparve ai margini della pista, seccato dall'ammirazione che Cassandra suscitava nei maschi. Si scoprí persino, con un certo sgomento, a seguire le pieghe del suo collo svettante, il gioco degli orecchini, la vitalità da folletto con cui sembrava scolpire lo spazio intorno a sé. Una ragazza. Solo una ragazza. Ma un uomo. Ripensò agli ammonimenti di Calcopietro, a quell'espressione sugli annunci del giornale, «grosso giocattolo». Un grosso giocattolo tra le gambe, questo aveva Cassandra. Un uomo. E il desiderio che si accendeva...

Ma che cosa gli stava succedendo? Ma perché proprio a lui? Avrebbe dovuto odiarla, per quello che gli stava facendo... Una ragazza... un uomo...

La missione gli parve, all'improvviso, un peso insostenibile. Le avrebbe detto tutto. E lei l'avrebbe mandato a quel paese. Avrebbe compromesso tutto, ma si sarebbe salvato... Salvato! Ma da che! Che avrebbe fatto Luca, se si fosse trovato al suo posto? Avrebbe ceduto, chiaro! Ma se a Luca piacevano solo le ragazze! Cassandra, una ragazza, un uomo... Basta! Il desiderio si faceva intollerabile. E lei lí, a portata di mano...

Marco mosse deciso verso la pista, cercandola con lo sguardo, il cuore che batteva all'impazzata.

Ma Cassandra lo prevenne. L'attirò a sé. Un bacio caldo e appassionato, una frase sussurrata nell'orecchio:

– Ti voglio, Bello-come-un-dio.

Il suo profumo gli dette alla testa. Ma mentre la stringeva, lo assalí l'immagine del «grosso giocattolo». E tuttavia, respingendola, con una dolorosa delicatezza, non aveva potuto evitare la fitta di un'imminente erezione.

– Ti riporto a casa, per me è tardi.

Cassandra l'aveva fissato, gli occhi ridotti a due strette fessure.

– Ti hanno detto qualcosa di me?

– Nessuno mi ha detto niente.

– Siamo due persone belle. È giusto stare insieme.

– È solo che stasera non posso...

– Allora vuol dire che mi scoperò qualcun altro.

Cassandra lo baciò in bocca, afferrandogli il cazzo con una mano. L'erezione esplose. Si strinse contro di lei. Cassandra si districò, decisa a tornare in pista. Voleva attuare il suo progetto. Lui l'afferrò per le braccia, la costrinse a voltarsi, le prese il volto tra le mani, una lunga carezza. Cassandra, a labbra socchiuse, sospirò.

– Ti piaccio.

– Sí... no... non lo so...

– Mi desideri!

– Sí...

– Hai paura dell'Aids?

– Ma che dici...

– Io non batto. Non sono sieropositiva. E mi sono presa una bella cotta!

Cassandra gli passò la lingua dietro le orecchie, e prese ad accarezzargli le natiche.

– Ti voglio... – sussurrò.

Qualcuno li stava osservando. Marco avvertí il peso degli sguardi e si allontanò da lei. Come aveva detto Calcopietro? Se ti lasci coinvolgere, sei già frocio... Immaginò le battute dei colleghi... continuavano a fissarli... Non sarebbe stato sempre cosí, dappertutto? Occhiate sarcastiche, curiosità morbosa...

Cassandra rise.

– Adesso o mai piú, Bello-come-un-dio!

L'aveva quasi urlato. Due buttafuori si materializzarono alle sue spalle.

– Qualche problema?

Lei si strinse nelle spalle, con un sorrisetto sprezzante.

– Nessun problema. Sto parlando con il mio ragazzo!

– Beh, andate a fare casino da un'altra parte, ok?

Uno dei buttafuori faceva dondolare una catena di ferro. L'altro se ne restava, vigile, qualche passo indietro. Marco sentí che l'eccitazione e il disagio si stavano pericolosamente trasformando in un oscuro desiderio di violenza. Valutò la distanza: poteva strappare la catena dalle mani di quel buffone e stringerla intorno al collo del compare. Era piú forte, piú veloce, piú incazzato. Intorno a loro si era creato il vuoto. Persino la musica sembrava essere stata cancellata dal respiro pesante dei buttafuori. Immaginò la scena, il sangue, i lividi, le urla. Strinse i pugni, pronto a scattare.

Cassandra si strofinò addosso a quello con la catena.

– Lascialo perdere, è solo uno stronzo...

Il buttafuori grugní qualcosa, e le passò una mano

intorno alla vita. Cassandra se lo portò ancheggiando in pista. La musica tornò al suo volume abituale. Era tutto finito. Marco si lasciò spingere sino all'uscita.

Nella notte, rimuginò a lungo il sapore invadente di lei. Guardava la foto di Luca, il sorriso sicuro del gemello... forse suo padre aveva ragione: non sarebbe mai stato come l'altro. C'era qualcosa che non funzionava, dentro di lui. E Cassandra... l'inchiesta non c'entrava niente. La desiderava. Qualunque cosa fosse, si immaginava nudo accanto a lei, dentro di lei... un uomo. Un trans. Non poteva accettarlo.

Chiese di essere sostituito.

– Troppo tardi, – rise il primo dirigente – cerchi piuttosto di portarmi dei risultati.

VII.

Mentre entrava nel Rifugio, Marco si chiese se la repulsione che gli ispiravano quel posto e i suoi frequentatori non gli si leggesse fin troppo chiaramente sul volto. Ma evidentemente era diventato bravo a simulare, perché Lothar lo salutò con un cenno distratto del braccio tatuato, e Lulú gli piazzò le tettine ad altezza naso investendolo con una zaffata che sapeva di tabacco e di alghe. Il locale era semideserto. Di Cassandra nessuna traccia.

– È presto, tesoro. A quest'ora ci sono solo le donne vere...

Semplicemente sollevando l'indice della destra, il Nero spedí Lulú a un tavolino lontano. Era incredibile il carisma di quel tappo dal muso lungo e triste, un semicalvo dagli occhi piccini che trasudava untuosità e fredda determinazione.

– Bevi qualcosa? Lei arriverà... prima o poi.

Marco si fece servire una birra. Decise che avrebbe atteso non piú di un quarto d'ora e poi le avrebbe lasciato il numero del cellulare. Stava per andarsene anche lui a un tavolino, quando il Nero lo bloccò con un colpettino di tosse. C'era qualcosa di ironico nel suo sguardo. Quanto aveva intuito di lui e di Cassandra?

– Ti ho visto l'altra sera... quando abbiamo dato una lezione a quei due bastardi...

– Già. Anch'io ti ho visto.

– Che ne pensi?

– Di cosa?

– Di quello che abbiamo fatto...

– Non è il mio genere.

– Paura della violenza?

Marco si strinse nelle spalle.

– Eppure, – riprese il Nero – hai l'aria di uno che le mani le sa usare...

– Solo quando ne vale la pena...

– Tenere l'ambiente pulito è una cosa che vale la pena. O no?

– Dipende.

Il Nero sospirò e si versò un bicchiere d'acqua.

– In fondo, tu e io siamo dalla stessa parte...

– Che ne sai tu di qual è la mia parte?

– Sei anarchico? Comunista? No? Lo vedi? Siamo dalla stessa parte... l'ordine...

Marco sentí che il discorso si stava facendo pericoloso. Sospettavano qualcosa? Non aveva preso nessuna particolare precauzione, all'inizio della missione. Non ci credeva, ecco tutto. Ma ora... che cosa voleva dire il Nero? Stava cercando di reclutarlo?

– Vedi, Marco, molti non capiscono, ma quello che stiamo facendo qui, ai Quattro Caselli, è qualcosa di molto, molto importante. Qualcosa che ha a che vedere con l'Idea. E con la libertà di tutti. Ma guardati intorno! Tra cinque anni, se non si corre ai ripari, questo paese sarà negropoli. Si diffondono come metastasi. La pietà non serve con le metastasi. Bisogna intervenire chirurgicamente, prima che sia troppo tardi. O presto noi italiani finiremo a leccare il culo ai marocchini. Ti sembra una cosa giusta?

– La politica non m'interessa, Nero...

– Già, già. Preferisci le ragazze. Come non detto. La birra la offre la casa, eh!

Cassandra arrivò mezz'ora dopo, quando Marco era già alla terza birra e non sapeva piú come difendersi dagli assalti di Lulú. Indossava una cortissima gonna nera di pelle, calze a rete, tacchi a spillo, una camicetta aperta sul seno che lasciava scoperto l'ombelico, un trucco esagerato. S'era tinta i capelli di blu. Marco era scattato in piedi al suo ingresso, ma lei gli passò davanti ignorandolo. Dondolando vistosamente una grossa borsa nera, si infilò nel bagno delle ragazze. Marco si rassegnò a una lunga attesa. Non volevano sostituirlo? Avrebbe proceduto di testa sua. Le avrebbe detto tutto. E poi...

Il Nero aveva seguito la scena con un enigmatico sorriso. Cassandra rientrò nel salone. Era in jeans, con un largo camicione a quadri che nascondeva il seno, completamente struccata, i capelli coperti da un berretto con il logo di una squadra di calcio, ai piedi scarpe da tennis con i lacci penduli.

– Ciao. Mi chiamo Leonardo. Vogliamo essere amici?

Ora che le sedeva di fronte, Marco poteva notare l'ombra di una lanugine bruna sulle guance, un accenno di peluzzi sulle labbra. Aveva parlato a voce bassa, simulando un'intonazione da maschio. Le pagliuzze iridescenti degli occhi brillavano di una luce cupa.

– Non sei divertente, Cassandra.

– Sono un transessuale, Marco.

– Credevi che non lo sapessi?

– Mai pensato. Ma mi piacerebbe sapere che cosa ne pensi.

– Ti aspettavi una battuta tipo: oddio, un uomo?

– Non un uomo, un transessuale.

– Spiegami la differenza.

– Gli uomini hanno il cervello nel cazzo. Io ho il cazzo nel cervello.

Aveva alzato la voce, con una venatura isterica. Lulú lasciò partire una risatina. Il Nero seguiva con attenzione la scena.

– Che cosa vuoi da me, Cassandra?

– Che cosa vuoi tu, stronzo! Ti presenti una sera, mi racconti i tuoi cazzi, mi porti a ballare, te la squagli sul piú bello... chi cazzo sei? Un pappone di merda?

– Credevo che fossimo amici...

– Cassandra è piena di amici... sono tutti qua, gli amici di Cassandra! Non mi servono gli amici, stronzo!

Lothar applaudí. Serpente prese a picchiare il pugno contro il palmo dell'altra mano. Lulú si leccava le labbra. Il Nero si versava un altro bicchiere d'acqua.

Marco si alzò, scuotendo la testa.

– Ti aspetto fuori. Raggiungimi quando ti sarai calmata!

Attraversò il salone sotto il peso delle occhiate beffarde del gruppo.

– Hai paura! – strillava Cassandra – Paura di innamorarti! Ma io ho visto come mi desideravi, l'altra sera! Ti veniva duro solo a guardarmi sculettare sulla pista! Hai paura di scoprire che sei mezzo frocio. Come tutti! Sei un povero stronzo! Non hai nemmeno lo stomaco di farti quella vacca di Lulú!

Questa volta fu il Serpente ad applaudire. Marco si piantò davanti al Nero, che se ne restava impassibile.

– Mi spieghi che cazzo c'entra Cassandra con l'Idea?

– Me lo chiedo anch'io. Da tanto, – rispose il Nero. In quel momento, il suo sguardo si era fatto sognante.

Cassandra lo raggiunse alla moto, gli occhi gonfi di lacrime. Gli chiese perdono, si gettò ai suoi piedi. Dai singhiozzi e dalle frasi rotte affiorava un ritornello ossessivo: io voglio essere amata, voglio essere amata per quello che sono. Marco l'aiutò a risollevarsi, l'abbracciò, la tenne stretta a sé. Un po' alla volta, il pianto convulso diventava sospiro affannoso. Marco accarezzava i capelli blu, incapace di spendere persino una piccola, innocente parola di consolazione. Una grande calma lo possedeva. Si disse che Cassandra non esisteva piú. Quello che teneva tra le braccia era un piccolo ragazzo sporco e piagnucoloso che sapeva di polvere, di sudore e di trucco disfatto. Cassandra era solo una sua ossessione. Cassandra se n'era andata per sempre.

– Dimmi che proverai ad amarmi. Farò qualsiasi cosa per te. Sarò la tua schiava...

Ora non restava che dirle la verità. Glielo doveva. Lo doveva a se stesso. Al desiderio che aveva provato per lei.

Ma l'altra continuava a chiamarlo «Bello-come-un-dio», e lo baciava sul collo, e gli stringeva le mani in una stretta disperata. Era tutto inutile. L'avrebbe scoperta da sola, la verità.

– Se mi lasci giuro che mi uccido! Stasera stessa! Marco, mi uccido...

No, non l'avrebbe fatto. Non doveva essere il primo a deluderla. Non sarebbe stato l'ultimo. L'adagiò sul ciglio della strada, e fece per inforcare la moto.

Ma non era ancora finita. Il ragazzo si era gettato ai suoi piedi, le braccia intorno alle sue gambe. La testa, imbrattata di polvere e di lacrime, risaliva verso la patta dei calzoni... Marco si divincolò, e l'allontanò con una ginocchiata. Il ragazzo tornò all'assalto. Marco lo colpí con un ceffone.

– Ma allora non vuoi capire! – urlò, esasperato.

L'altro si risollevò penosamente. Sorrideva.

– Grazie... colpiscimi ancora, ti prego... ancora...

La violenza esplose improvvisa. Colpí ai fianchi, al collo, tra le gambe, calci, pugni, colpí anche quella bocca che continuava a rantolare il suo «grazie», il suo «amore». Poi li vide, con la coda dell'occhio, i ragazzi del gruppo: uscivano di corsa dal Rifugio, il Nero aveva un bastone, correvano per difendere Cassandra...

Smise di colpire. Situazione inverosimile: i nazi accorrevano in difesa di un trans, la vittima. E lui, il grosso poliziotto cattivo, il carnefice...

Partí a tutto gas, prima che potessero raggiungerlo.

Stese l'ultimo rapporto torturato dall'immagine di Cassandra sulla pista della discoteca: una ragazza imbronciata, il suo corpo sensuale, innamorato, il volto di Leonardo senza trucco riflesso da mille luci cangianti.

VIII.

La presero all'alba. Erano Serpente, Lothar, Lulú e il fratellino. Li aveva fatti entrare, assonnata, senza sospettare niente. La sera aveva preso quattro pillole di sonnifero e s'era gettata sul letto con il suo piú bel vestito bianco, truccata alla perfezione, e Patty in sottofondo. Mentre il fratellino di Lulú si divertiva a sventrare il divano con un coltello da sub, Lothar la ficcò sotto la doccia fredda. Poi le ordinarono di indossare la biancheria sexy e sopra un impermeabile di gomma, e la caricarono in macchina. Lei lasciava fare, indifferente a tutto. Raggiunsero il Rifugio, dove li attendeva il Nero. Le dissero di spogliarsi, e lei obbedí. Lothar e Serpente l'afferrarono per le braccia e la inchiodarono su un tavolo. Per primo, la prese il fratellino di Lulú. Era la sua prima volta. Venne in un attimo, si ritrasse deluso e un po' schifato, gli altri applaudivano. Poi il fratellino sostituí Lothar, e fu la volta di Serpente, anche questa una cosa breve. Lulú, intanto, si masturbava a gambe larghe sdraiata sul bancone, masticando una gomma. Lothar se la prese comoda, le dava colpi lenti e profondi intervallati da violente strizzate al seno, ma quando propose di passare alla frusta il Nero lo schiaffeggiò, e Lothar chinò umilmente il capo. Lulú volle leccarla tutta, e poi il fratellino chiese ed ottenne il bis. Infine, la lasciarono andare. Il Nero l'aiutò a sedersi, le porse i vestiti, le accarezzò i capelli. Lei non disse una parola. Era una cosa, ormai. Gli occhi del Nero erano pieni di rimpianto e di tristezza. Le disse che il suo bel ragazzo biondo, il suo Bello-come-un-dio, era un agente della Digos. L'aveva fatto seguire e aveva scoperto tutto. Le disse che stavano indagando sulla storia del cinese, e che rischiavano tutti l'ergastolo. Le disse che la lezione era stata dura, ma necessaria, perché l'Idea non ammetteva errori. Le disse che ormai tutto era finito, che lei sarebbe tornata la Cassandra di sempre, che il gruppo l'avrebbe protetta e aiutata. Gli altri annuivano, persino Lulú sembrava commossa e partecipe. Le disse che se il poliziotto fosse tornato avrebbe dovuto avvisarli perché ormai erano in pericolo, e l'Idea non ammetteva il pericolo. Poi la scortò alla macchina, ordinò a Lothar di riportarla a casa e di non sfiorarla nemmeno con un dito, pena la morte. Rimasto solo, il Nero si conficcò un coltello in un braccio, osservò lo zampillo del sangue senza lasciarsi sfuggire nemmeno un gemito, si medicò, e alle dieci in punto, come ogni mattina, aprí il locale.

IX.

Al Servizio la notizia fu comunicata nel tardo pomeriggio.

L'agente di turno, che per caso aveva orecchiato qualcosa della storia del cinese, intuí la pista giusta, e un quarto d'ora dopo il telespresso dalla sala operativa era sul tavolo del primo dirigente. Marco lo rintracciarono a casa. Era in licenza. Ubriaco, stava scrivendo una lettera al gemello. Il primo dirigente lo ricevette nel portone della centrale. Un vicino aveva sentito i gemiti, c'era voluta un'ora per sfondare la porta. L'avevano trovata nella vasca da bagno, l'appartamento era pieno di petali di rosa e lei stava ascoltando qualcosa al walkman. Cassandra aveva perso due litri di sangue, ma c'erano ancora speranze. Il primo dirigente gli disse che la lettera di dimissioni era stata cestinata. Gli ordinò di andare subito in ospedale, e di portarsi un registratore.

– Se non parla adesso, – aggiunse – non parla piú.

Dopo molte resistenze e una telefonata in centrale, i dottori acconsentirono a un breve colloquio. La stanza era immersa nella penombra. Cassandra era pallida, sfinita. Ma si sforzava di sorridergli.

– Ti ho riconosciuto dall'odore, – disse – Bello-come-un-dio.

Marco le prese una mano, la portò alla bocca, la baciò.

– Ti ho fatto del male, Cassandra.

– Non sei stato il solo.

– Ti ho mentito.

– Avevi paura...

Restarono per un po' in silenzio. Marco aveva voglia di piangere.

– Te la caverai. Ma non ne valeva la pena per uno come me...

– Tu non c'entri.

Le raccontò tutta la verità, finalmente libero, riconciliato con se stesso. Cassandra lo lasciò finire, poi strinse forte la sua mano e gli chiese un bacio sulla bocca. Marco si accostò alle sue labbra screpolate. L'odore dei medicinali era fortissimo. Marco chiuse gli occhi, e un brivido lo attraversò mentre la baciava. Poi Cassandra si sollevò sui gomiti.

– Chi amerà Cassandra? Chi amerà Leonardo? Hai portato il registratore?

– Sí.

– Accendilo.

x.

Al processo Cassandra testimoniò vestita da uomo. Raccontò che il Cinese, un venditore di accendini, collanine e radioline, era già stato bastonato due volte dal gruppo di Quattro Caselli, ma si ostinava a tornare sempre al suo posto davanti alla farmacia. Cosí i ragazzi del gruppo avevano deciso che bisognava dargli una lezione definitiva. L'avevano preso in quindici, portato sul muretto. L'onore del colpo finale era toccato al Nero. Il muretto era alto dieci metri. Il Cinese era morto sul colpo. In segno di disprezzo, avevano gettato sul cadavere una radiolina accesa. Lei aveva assistito ai fatti. C'erano Scrofola, Lothar, Serpente e molti altri. C'era il fratellino di Lulú e c'era Lulú, che dopo, a cose fatte, aveva detto di aver goduto come una vacca mentre il cranio di quel meticcio si spappolava. A Quattro Caselli tutti sapevano, ma nessuno parlava. Un po' per paura del Nero e degli altri, un po' perché, in fondo, la pensavano allo stesso modo. Cosí, anche grazie a un articolo in cronaca, la morte del Cinese era stata archiviata come caduta accidentale. Gli avvocati della difesa cercarono di farla a pezzi, ma lei tenne duro. Raccontò di quando l'avevano violentata, tutti meno il Nero, che con lei, disse, era sempre stato gentile. Quando Lothar dichiarò che Marco, il poliziotto, l'aveva menata, lei lo smentí: era caduta mentre cercava di salire sulla Kawasaki.

Con Marco si incontrarono al bar del tribunale, dopo la deposizione. Cassandra era gentile, ma lontana. Marco la ringraziò per la testimonianza. Lei si strinse nelle spalle. Marco le disse della promozione, e lei gli fece i complimenti.

– Vado da uno psicologo, – le confidò – ma al Servizio non lo sa nessuno...

– E che dice, lo psicologo?

– Che siamo tutti un po' uomo e un po' donna...

– Facevi prima a venire a letto con me...

Il ragazzo rise. Ma era il riso di Cassandra.

– E adesso che farai? – le chiese infine, mentre lei insisteva per pagare i caffè.

Il ragazzo ci pensò un po', poi s'illuminò del sorriso meraviglioso di Cassandra.

– Mi sono rotta di Patty. Ora la mia canzone preferita è I will survive. Ricevuto il messaggio?

La vide andar via canticchiando leggera, tra lo scherno di un gruppetto di zingari, e si chiese se non avesse gettato al vento qualcosa di prezioso.

Teneri assassini

I.

Tagliavano per vie non asfaltate per evitare incontri spiacevoli. Guidava Pullumb, in giacca e cravatta, fumando un lungo sigaro cubano.

Ammassate sul sedile posteriore, le ragazze si scambiavano battute o accennavano un motivo alla moda. Jani guardava fisso davanti a sé, ipnotizzato dal tortuoso viottolo che sembrava precipitare, pochi metri piú avanti, verso una lugubre boscaglia.

– È là dietro, – disse Pullumb.

Le ragazze tacquero. Il viottolo si biforcava sul limitare del bosco. Jani seguí con un sospiro il ramo che si perdeva nella compatta massa nera degli alti pini. Gli ultimi cento metri di sterrato furono i piú duri. Jani aveva voglia di vomitare. L'odore del sigaro si mescolava al profumo da quattro soldi e al leggero sentore di stoffa bagnata e di sudore che esalava dai corpi delle ragazze. Strinse i denti per respingere un violento conato. Le ragazze avrebbero perso ogni rispetto per lui. E Pullumb non gli avrebbe mai perdonato l'oltraggio alla tappezzeria dell'adorata station-wagon color melanzana.

Finalmente si immisero sulla provinciale, proseguendo per un paio di chilometri con andatura circospetta.

– Controllate tutto, – ordinò Pullumb.

Le ragazze frugarono nelle borsette e risposero, una alla volta, che tutto era in ordine. Pullumb accostò accanto a un paracarro semidivelto. C'erano ancora le tracce di un antico fuoco.

– Miria, Dolly: giú!

Le due ragazze smontarono e Pullumb ripartí senza curarsi di loro. Jani si voltò a guardarle. Dolly radunava aghi di pino e legnetti per accendere il fuoco, agitando il grasso sedere a stento contenuto da aderentissimi shorts di un verde dozzinale. Miria si stava ancora liberando dell'impermeabile. Gli impermabili erano un'idea di Pullumb. Ne aveva comperati una cinquantina da un negro a Forcella. All'andata e al ritorno dal lavoro le ragazze dovevano indossarli per coprire quel poco che portavano sotto: avevano funzionato in qualche controllo.

– Brave mogli, – commentò Pullumb.

Kyra fu scaricata cento metri dopo. Ora dietro restava solo Monica, la biondina di sedici anni. Pullumb lanciò dal finestrino il mozzicone del sigaro e fece inversione di marcia.

– E lei? – chiese Jani.

Pullumb non rispose. Ripassarono davanti al paracarro. Pullumb suonò il clacson. Miria rispose con un allegro cenno di saluto. Il fuoco stentava a svilupparsi, e Dolly si frugava tra le dita dei piedi. Ci sono ragazze che a guardarle pensi che solo a uno stronzo può venire voglia di andarci insieme.

La marcia continuava. La strada era un deserto spettrale.

Pullumb consultò l'orologio.

– Tra un'ora qua ci sarà la fila.

– E lei?

Ancora una volta Pullumb non rispose. Non presero la deviazione che costeggiava il bosco. Jani guardò nello specchietto. Monica stringeva la sua borsetta e teneva gli occhi bassi. Apparentemente indifferente. Jani pensò che quella ragazzina aveva un buon odore. La voglia di vomitare se n'era andata con le altre tre. Mano a mano che si tornava verso Roma, la provinciale si allargava, comparivano caseggiati e insegne luminose, si cominciava a notare un certo traffico. Pullumb li condusse quasi alle porte della città, deviando lungo un viale illuminato da un filare di alti lampioni dalla intensa luce gialla.

– Stasera lavori qui.

Era dove il viale moriva nella bocca di un cantiere transennato. Passavano molte macchine, e non c'erano altre ragazze in giro. Dall'altra parte della via grandi cancellate di ferro e alte costruzioni dalle finestre illuminate marcavano il territorio del lato già edificato del nuovo quartiere.

Pullumb indicò un cartellone pubblicitario con una enorme, luccicante fuoriserie e una modella che ammiccava invitante inguainata in una seducente tuta nera. Se avesse avuto in scuderia una ragazza come quella, pensò Jani, Pullumb sarebbe diventato miliardario.

– Troppo secca, – commentò Pullumb, come se gli avesse letto nel pensiero.

Monica si preparava a scendere. Pullumb fece scattare il blocco automatico. Monica lo fissò con aria perplessa. Pullumb le parlò senza guardarla, le mani strette sul volante, il tono annoiato.

– Nell'ultima settimana hai fatto poco e niente.

– Non è stata colpa mia.

– Ah no?

– Pioveva.

– Anche per le altre pioveva. Ma loro i soldi li hanno portati lo stesso.

– Andrà meglio stasera, vedrai.

Per quanto Monica si sforzasse di mantenere un tono dolce e remissivo, Jani poteva percepirne l'ansia crescente. Pullumb sorrise, si voltò.

– Vieni qui, tesoro.

Monica si sporse verso di lui. Pullumb lasciò partire un violento manrovescio. La ragazza andò a sbattere contro lo schienale. Pullumb si schiarí la voce.

– Puoi piangere, se ti va. Ma poi rifatti il trucco.

Monica scosse il capo. Pullumb sbloccò le serrature. La ragazza scese.

– Monica?

Lei si accostò al finestrino, obbediente. Pullumb le

prese il volto con una mano, lo rigirò, esponendolo alla luce, annuí soddisfatto, e la congedò con un gesto deciso.

– Impara, – sentenziò, rivolto a Jani – mai lasciare segni. Se lasci i segni, la merce perde valore.

Rientrarono a Roma. Pullumb si rintanò nella sua bella casa in una cooperativa del Laurentino 38, dove l'aspettavano la vera moglie e le gemelle. Jani fu spedito a tenere d'occhio Monica.

– Non mi piace. Quella ragazza ha qualcosa che non mi piace, – aveva detto Pullumb, consegnandogli le chiavi della station-wagon.

Mentre cercava di ricordare la strada, Jani si ripeteva le istruzioni del capo: se ti fermano, la macchina l'hai presa senza dirmi niente. Sei minorenne, volevi fare pratica. Va' da lei, guarda e dimmi tutto. E se fa qualche stronzata, puniscila. E mi raccomando, tenero come un agnello!

II.

Con un perfetto lancio del rotore a forma di runa, Zovir uccise l'ultimo Guardiano della Soglia, un negro con tre occhi e sei braccia che aveva appena finito di divorare un cammello vivo. Con una musichetta trionfale, il sesto livello diventò settimo e il Regno di Altrove si spalancò davanti al cacciatore. Con una sequenza di piccoli lampi, il display s'informò sulle intenzioni del giocatore: continuare-lasciare in stand by-uscire dalla partita. Jacopo cliccò su «Uscire» e poi spense l'apparecchio sganciando direttamente la batteria. Stressare il PC lo faceva sentire potente, il Dominatore della Macchina. Ma l'effetto piacevole non durava mai piú di pochi secondi. Quanto a «Atrides», entro l'indomani avrebbe raggiunto la Montagna dei Sette Picchi, ucciso lo Zar Stalin-Ka e liberato la principessa Verafede. Lungo la strada avrebbe dovuto eliminare un esercito di sefarditi e un paio di legioni

dell'Armata Rossa di Vega. Poi «Atrides» avrebbe ces-
sato di interessarlo. Era sempre cosí. Non esisteva un
solo gioco che fosse in grado di resistergli piú di due
sedute. Questo software l'aveva scaricato usando la carta di credito di papà da un sito nazi criptato che gli era
stato segnalato da Fabrizio. Niente di eccezionale, la
solita merda di eroe alla Conan contro comunisti, negri ed ebrei. Era dal tempo del suo primo Nintendo che
non provava piú niente di lontanamente paragonabile
a un'emozione. Con gli occhi rossi e la schiena dolen-
te, attraversò il salone. Aveva bisogno di uscire. La casa dei suoi lo stava soffocando. Ma che cosa lo attendeva fuori? Un altro vuoto. A meno che a Fabrizio non
fosse venuta una delle sue brillanti idee.

– Te ne vai?

Suo padre, un noto avvocato penalista, stava predisponendo l'attrezzatura per la settimanale riunione della loggia «Themis». Dalla cucina filtrava un vago sentore acidulo: Ramon, il cuoco filippino, cucinava l'*ado-
bo* di pollo e maiale. Sua madre si faceva ritoccare i
colpi di sole dal coiffeur di fiducia, e comunque sarebbe tornata in tempo per ricevere le signore, rigorosa-
mente escluse dalla cerimonia. Sua sorella Giada avrebbe telefonato all'una di notte da Boston per comunicare l'esito del Master. Sembrava decisamente che tutti
avessero qualcosa di serio e di importante da fare, a
questo mondo. Tutti, tranne lui. Jacopo si avvicinò alla scrivania, sollevò uno spadino e provò a estrarlo dal
fodero. Non voleva saperne di venir fuori.

– Lascia stare, – protestò il padre.

– Paura che ti rovini qualche arredo sacro?

Il padre gli strappò di mano lo spadino. Jacopo rise.

– Hai finito di studiare?

– Mi restano sei capitoli, – rispose Jacopo, pensando ai livelli del gioco che ancora non aveva esplorato.

– Mi raccomando, l'esame è vicino.

– Beh, se dovesse andarmi male puoi sempre chiedere ai tuoi amici massoni di darmi una mano.

– Non scherzare su questo argomento, – lo ammoní

il padre – e comunque, prima dovresti essere iniziato,
e francamente...
    – Non credo che tu ne sia all'altezza, – completò Ja-
copo, piantandolo in asso.
    Gli amici erano già a Villa Balestra. Fabrizio gli andò
incontro con un sorriso eccitato, seguito da Amedeo
che continuava a fare di no con la testa.
    A quanto pareva, Fabrizio aveva le idee chiare per
la serata.

III.

    Aveva cominciato a piovere. Seminascosta dal car-
tellone, Monica guardava sfilare il traffico, toccando-
si di tanto in tanto la guancia che ancora le bruciava.
Qualche automobilista aveva rallentato, un camionista
le aveva fatto un fischio esplicito, ma lei era corsa via.
Niente clienti stasera. Ripensò con un brivido al lungo viaggio con Pullumb, Jani e le tre ragazze. Pullumb
era imprevedibile: se avesse deciso di cambiarla di posto, beh, il suo appuntamento con la libertà sarebbe
saltato. E invece era andato tutto liscio. E quel cartellone che aveva maledetto mille volte ora le sembrava
la piú dolce delle occasioni. Monica frugò nella borsetta: una scatola di profilattici, il fard di poco prezzo,
un pacchetto di sigarette e un accendino color lavan-
da, salviette profumate per ripulirsi dopo, fazzolettini
di carta, ventimila lire per un taxi in situazioni di emergenza. Monica si accarezzò il ventre. La creatura se ne
stava tranquilla. Quanto poteva essere grande? Due,
tre centimetri? Eppure c'era. Lei la sentiva. Sentiva il
suo bambino. Quelle bestie non avrebbero potuto niente contro il suo bambino. Sarebbe stato lui a darle la
forza. Pioveva a dirotto, ora. Si chiese se tutta quell'acqua poteva danneggiare il bambino. Un lampo squar-
ciò l'orizzonte. Esplose un tuono. E se non fosse venuto? Se la pioggia l'avesse tenuto lontano? Ma non
poteva essere! La Madonna non l'avrebbe abbando-

nata. Doveva esserci una speranza, per lei, per il suo bambino! Lampeggiarono fari. Monica si tirò l'impermeabile sulla testa e corse a vedere. Una berlina scura, vetri affumicati, uno con una camicia bianca che si sporgeva e le gridava qualcosa come «fottere». Monica fece il segno del medio e tornò sui suoi passi. Il ragazzo aveva una spider rossa. L'appuntamento era per le undici. Mancava ancora un'ora. Purché Pullumb non le giocasse qualche scherzo... Con un brivido, le parve di scorgerne l'immagine: si andava componendo nel pulviscolo bizzarro delle gocce che danzavano illuminate dai fari delle macchine. Monica lanciò un urlo e prese a colpirsi gli occhi con i piccoli pugni chiusi. Un altro lampo, uno scroscio picchiettante di grandine. Il traffico era quasi del tutto diradato. L'immagine di Pullumb svaniva. Monica riprese coraggio. Quando era scoppiata la guerra, tutti avevano creduto che prima o poi una bomba avrebbe cancellato il villaggio. I suoi l'avevano affidata al cugino Pipi.

– Sta in Italia, ha fatto fortuna, ti troverà un lavoro, potrai andare a scuola, vedrai.

Pipi era un uomo di Pullumb. Monica era entrata clandestinamente dal Nord. L'intero gruppo l'aveva violentata la prima sera, nessuno escluso. E cosí per una settimana di seguito. Pullumb guardava, limitandosi a prenderla a schiaffi quando il suo pianto sembrava disturbarlo. Per tutto il tempo l'avevano tenuta a pane e acqua. Poi erano arrivate due mogli di Pullumb, per insegnarle a farlo bene e in fretta, quanto piú in fretta possibile. Una delle due era malata: si bucava, e andava con tutti senza protezione. A Pullumb stava bene cosí: lei era molto richiesta e portava buoni guadagni, e del resto erano problemi dei clienti. Alla fine le era stato assegnato un falò sulla via Palombarese. Per due lunghi mesi aveva pensato unicamente alla fuga. Intercettando la conversazione tra due ragazze, era venuta a sapere che il suo villaggio era scampato alla distruzione. Risparmiando persino su quelle due lire che le permettevano di tenere, una sera, prima del

fatto di Jovanka, era riuscita a chiamare. C'era un unico telefono, al villaggio. Aveva risposto Pipi. Per la disperazione aveva fatto a pezzi la cabina pubblica. Ma
si era dovuta rassegnare: beveva il loro vino, fumava la
loro erba e andava con chi suonava il clacson. Pullumb
diceva che poteva durare un bel po', se avesse saputo
badare a se stessa. Dopo, magari, l'avrebbero venduta
a un altro clan o, se fosse stata fortunata, poteva diventare la moglie di un capo. Ma del dopo non glien'era
importato piú niente. Finché una sera un preservativo
difettoso si era rotto e qualcuno (un grassone biondo?
Un negro?) le aveva piantato dentro il suo seme.

La pioggia diradava. Il temporale si allontanava. Il
traffico riguadagnava intensità. Monica accese una sigaretta. Sí, il fumo poteva danneggiare il bambino, ma
ne aveva bisogno. Avrebbe imparato a farne a meno,
un po' alla volta, dolcemente. Quando la sua vita non
sarebbe piú stata nelle mani di quegli stronzi. Ripensò
alla chiesetta del villaggio, al vecchio prete che sapeva
di pane appena sfornato, a tutto quello che le era stato
tolto, a quello che avrebbe riavuto, per sé e per il suo
bambino. Poi si accorse della station-wagon, e il terrore la riafferrò. Pullumb era tornato. Aveva intuito qualcosa, e ora l'avrebbe punita. Il bambino... Cominciò a
correre. Via, lontano da Pullumb e dalle sue bestie. Per-
corse cento, duecento metri. Si arrestò, senza fiato, dove il viale finiva in una svolta morta chiusa da un cancello elettronico. Si voltò. Nessuno l'aveva seguita. Il
cuore le batteva forte. Tornò indietro. Qualcuno era
uscito dalla macchina. Riconobbe Jani. Cosí Pullumb
aveva mandato il nipotino a controllarla. Jani aveva un
debole per lei. Poteva essere un'occasione. Monica si
sforzò di sorridere e lanciò un richiamo.

IV.

Se avesse saputo che già da una settimana Pullumb
aveva assegnato il posto a Monica, Jani avrebbe evita-

to di fare tante domande. Gli ci volle piú di un'ora per ritrovare il viale: ce n'erano tanti, in quella zona della città, e tutti uguali sotto la pioggia battente. Se non fosse stato per il cartellone con la modella nella tuta nera avrebbe continuato a girare a vuoto per tutta la notte. E Pullumb l'avrebbe punito. C'era da avere paura di Pullumb. Lui l'aveva visto all'opera con quella Jovanka. E sapeva di che cosa era capace.

Monica non c'era, sicuramente caricata da qualche cliente. Sarebbe stata una cosa breve, comunque. Le ragazze di Pullumb imparavano presto a mettere a frutto il tempo. Jani individuò un parcheggio pubblico, uno spiazzo con una roulotte e un paio di vecchie carcasse, e decise che sarebbe stato un buon posto d'osservazione. Strada facendo si era procurato panini e birre. Aveva improvvisamente smesso di piovere, e il cielo s'era squarciato di stelle. Da dove si trovava si vedeva benissimo il cartellone. La faccia volpina della ragazza in nero scintillava dei riflessi del plenilunio. Jani cominciò a fantasticare su quel corpo da favola, ma presto si accorse che i suoi pensieri scivolavano su Monica. Sí, non gli sarebbe dispiaciuto passare qualche ora con lei. Per la sua dolcezza, per i suoi lunghi capelli biondi, per i suoi profondi occhi azzurri o forse per quello sguardo triste che gli aveva dedicato quando, insieme agli altri del clan, l'avevano scopata sotto gli occhi attenti di Pullumb. Gli sarebbe piaciuto rifarlo, ma in un modo diverso. Come un ragazzo e una ragazza, senza tutti quegli altri intorno a far casino e dire porcate. Ma Pullumb, ovviamente, non l'avrebbe permesso. Non si potevano mischiare gli affari e il sentimento. Con le ragazze si doveva andare durante il periodo d'istruzione, quando bisognava spiegare a quelle contadine ignoranti chi è che comanda. Oppure, per punirle di qualche errore. Per il resto, era merce riservata ai clienti. Faceva parte delle regole. Era Pullumb a fissare le regole. Pullumb era il capo. Pullumb era suo zio. Ma le regole non ammettevano eccezioni. Neanche per i nipoti che ti sbavavano sulle ginocchia quando ancora non sapeva-

no dire «mamma». Tutti volevano diventare come Pullumb. Pullumb era sceso in Italia molti anni prima dei
casini di Valona, quando in Albania comandavano ancora i rossi. Ora aveva il permesso di soggiorno, un regolare lavoro di facciata, e passava qualche informa-
zione di poco conto a un sovrintendente di Polizia che
chiudeva tutti e due gli occhi sul giro delle ragazze e
sull'erba puzzolente di ammoniaca che vendevano a caro prezzo ai ragazzi italiani. Questo sovrintendente Jani una volta l'aveva anche conosciuto. Era un Arbresh
di Calabria, un tipo piccolo, grassoccio, con i capelli
rossi e i denti marci. Jani aveva chiesto a Pullumb se
davvero si fidasse di lui.

– Come di chiunque, – aveva risposto il capo – finché serve.

Pullumb ci teneva molto alla sua rispettabilità. Diceva che un giorno si sarebbe ritirato dagli affari e avrebbe passato la mano. Diceva che sarebbe tornato a casa
e lo avrebbero eletto sindaco del villaggio e forse, chissà, sarebbe finito in Parlamento. Pullumb era suo zio.
Tutti volevano diventare come lui. Tutti si aspettavano che Jani prendesse il suo posto. E lo odiavano, per
questo. Se solo avessero saputo quanto poco gliene importava...

Erano già andate due birre, e Monica ancora non
tornava. Jani accese una sigaretta, e abbandonò il rifugio. L'aria era frizzante. Jani tirò su la lampo del giubbotto. Le macchine passavano in continuazione
sull'asfalto bagnato, senza rallentare. Molto traffico,
buon posto. Merito dell'accordo con i rumeni. C'erano stati problemi, con i rumeni. Un paio di ragazze erano state picchiate. C'era chi, nel clan, voleva passare
subito alle maniere forti. Pullumb aveva deciso di trattare. Si erano seduti a un tavolino, due per parte, lui e
Pullumb e il capo dei rumeni con un guardaspalle. Parlavano solo Pullumb e il capo dei rumeni. Il guardaspalle aveva una lunga cicatrice che gli attraversava la
faccia tozza. C'erano voluti tre giri di birra per raggiungere l'accordo. Alla fine, tutti e quattro si erano

stretti la mano, e il guardaspalle gli aveva sorriso e gli aveva regalato un coltello con un bel manico d'osso. Pullumb gli aveva ordinato di ricambiare. Un paio di giorni dopo Jani si era presentato in una lurida pensione a due passi dalla stazione Termini con una «Makarov» 7.65 e un paio di scatole di cartucce finlandesi a punta cava. Ma il guardaspalle era stato arrestato, proprio quella notte. La pistola l'aveva presa il capo dei rumeni, l'aveva rigirata, soppesata, e poi lo aveva congedato con un cenno del capo. Quando gli aveva raccontato il fatto, Pullumb si era limitato ad annuire. Ma si vedeva che era scontento.

– Non permettere mai a nessuno di trattarti come uno schiavo, – aveva aggiunto.

A ripensarci, era la stessa frase che qualcuno aveva sentito dire a Jovanka. Ma naturalmente, la cosa era molto diversa se a parlare era Pullumb. Pullumb era il capo, un uomo, e Jovanka solo una puttana che aveva cercato di fare la furba. Il fatto è che i rumeni gli facevano paura, e gli faceva paura l'idea del carcere, dove, si diceva nel clan, prima o poi tutti loro sarebbero finiti. Ma piú di tutto gli faceva paura l'idea che Pullumb si accorgesse delle sue paure. Un bel casino, insomma. C'era un freddo cane. Meglio tornarsene in macchina. Jani pensò che sarebbe stata una buona idea prestare il suo giubbotto a Monica. Seminuda, e con quell'impermeabile di carta velina, doveva davvero soffrire parecchio. In città, poi, non poteva certo mettersi di accendere un fuoco. Certo che se l'avesse saputo Pullumb... O forse no: bastava spiegargli che, meglio coperta, la ragazza non rischiava una polmonite. Una polmonite, come qualunque malattia, significa giorni di lavoro saltati, e spese su spese. Messa cosí, l'idea era giusta persino dal punto di vista del capo. Jani era quasi risalito a bordo, quando dall'ombra del cartellone sbucò Monica. Jani pensò che non si era accorto della macchina che doveva averla riaccompagnata. Che ci fossero stati dei problemi con il cliente? Pullumb gli aveva dato un telefonino. Jani si chiese se non fosse il caso di usarlo. Ma sembrava che Monica non avesse nessun problema. Indossava l'impermeabile, gli sorrideva e faceva cenno di raggiungerla. Jani si slacciò d'istinto il giubbotto e corse dall'altro lato della strada.

v.

Fabrizio attaccò a raccontare la storia proprio mentre sullo schermo del video che li sovrastava era comparso il volto del padre, il famoso giornalista indipendente che tutti avrebbero voluto dalla loro parte. Amedeo, che era figlio di un impiegato delle poste, era appena tornato al tavolino con tre boccali di birra scura e ghiacciata. Nel videopub c'era un casino d'inferno, bisognava urlare per farsi sentire; ma era un buon posto, tutti si facevano i cazzi loro e nessuno si preoccupava se girava un po' di roba come si deve.

– Cosí c'è questa puttana, sedici anni, anche carina, devo dire. Carina per un'albanese, voglio dire, una specie di cameriera vestita da zoccola, non so se rendo l'idea... La prendo su dalle parti di Furio Camillo, non so perché passavo da quelle parti, comunque è successo. Vedo che sta un po' sulle sue, non si preoccupa nemmeno di mercanteggiare, mi fa il muso, e capisco che c'è qualcosa che non va. Penso che forse è malata, e non sa come dirmelo. Ho avuto un po' di paura, eh, mi sono detto, adesso la scarico, poi... Non so com'è successo... insomma, mi è venuta l'idea... senti, le dico, c'è qualche problema? Lei mi guarda strano... proprio una bambina, credimi, con un profumino da quattro soldi... sembra che abbia voglia di confidarsi con me, apre la bocca... oh, non ci crederete, masticava una gomma al gusto di fragola... insomma, sta per parlare poi ci ripensa e mi fa: tu chi sei? E io, al volo: sono un volontario. Aiuto le bambine come te a ritrovare la retta via. Una specie di prete, fa lei. Sí, dico io, una specie di prete. Allora lei scoppia a piangere. Aiutami, dice, aiutami, non ce la faccio piú, mi trattano come una bestia. Aspetto un bambino e non so come liberarmi di loro. Io la incoraggio a parlare. Viene fuori che gli uomini cattivi la tengono praticamente prigioniera. Andiamo avanti cosí per un po', poi io le dico, senti, sono disposto ad aiutarti. Organizzo tutto io...

Mentre Amedeo continuava a fare di no con la testa, mormorando che secondo lui era tutta una stronzata, che gli albanesi erano gente pericolosa e cose cosí, Jacopo nemmeno lo stava a sentire. Della qualità dell'idea non gliene fregava un accidente. Bastava che ci fosse un'idea. Qualunque idea. Una cosa da fare, insomma, e subito. E poi, era l'idea di Fabrizio. Fabrizio era bello, un po' sul tipo Keanu Reeves. Ma il punto non era la bellezza. Fabrizio era un capo nato. Fabrizio aveva un modo di organizzare le cose che nessuno poteva resistergli. Tutto riusciva facile a Fabrizio. Fabrizio era un gran figlio di puttana. Erano cresciuti insieme, lui e Fabrizio. Grandi amici, inseparabili. Le uniche cose divertenti della vita le avevano fatte insieme. Da quando – a nove anni – avevano preso quel bambino piú piccino e l'avevano convinto che nel grande salice della villa era nascosto un mostro terribile, pronto a divorarlo, e che solo loro avrebbero potuto salvarlo. Se avesse obbedito agli ordini. Ne avevano fatto il loro schiavo per mesi interi. Poi il bambino era cresciuto e di quello scherzo avevano riso insieme. Il bambino era Amedeo. Grosso, goffo, pelato, irrecuperabile. Quando gli prendeva l'impulso, Amedeo poteva essere pericoloso. Amedeo era da anni in cura dallo psicologo. Ma gli psicologi non servivano a niente. Era cosí chiaro che il mostro del salice erano loro tre messi insieme! Jacopo inghiottí una manciata di pasticche, un cocktail di Roipnol, Xanax e stimolanti ideato da Fabrizio, finí la sua birra, si alzò di scatto.

– Beh, che aspettiamo?

– Ci servono due macchine, – disse Fabrizio – io vado avanti con la spiderina e carico la ragazza. Voi mi seguite con l'altra. Se ci perdiamo di vista, appuntamento all'Albero dell'Acquedotto.

– Io non vengo, – puntualizzò Amedeo.

Nessuno gli prestò attenzione. Tanto si sapeva già che li avrebbe seguiti.

VI.

Monica si tolse l'impermeabile, infilò il giubbotto che sapeva di fumo stantio e di colonia da barbiere, si rimise l'impermeabile e scoccò un bacio sulla guancia di Jani. Jani l'afferrò per le braccia e la baciò sulla bocca. Monica lasciò fare, senza schiudere le labbra.

– Scusami, – disse Jani.

Lei sorrise. Cosí quel piccolo stronzo, il nipote del capo, ci provava con le maniere gentili. Jani, il cocco del boss, con i suoi occhi dolci e la sua barba mal fatta... faceva il buono, Jani, ma si era gettato anche lui su di lei come una bestia. Come tutti gli altri. E il suo cazzo non faceva meno schifo degli altri.

– Senti, Monica, io ho pensato che...

– Sí? Cos'hai pensato, bello?

– Qualche volta noi... potremmo, non so, un cinema... o mangiare una cosa insieme... come due ragazzi...

– E quando? Tuo zio non ci lascia uscire da sole, lo sai...

– Beh, se glielo chiedessi io...

– Ti direbbe di no, come a tutti gli altri.

Jani chinò la testa. Monica sospirò. Ora che l'appuntamento si avvicinava, doveva solo levarselo di torno.

– Beh, non prendertela, la vita va cosí...

– Tu sei contenta della tua vita?

Che domanda assurda! O era un tranello? Il gioco del nipote buono e dello zio cattivo, e sta' a vedere che il bastardo faceva la sua piccola indagine...

– Oh, non posso lamentarmi...

– Io sí, invece! – quasi urlò Jani – Io certe volte mi chiedo se... se non ho sbagliato tutto...

– Senti Jani, non per essere cattiva, ma... se c'è un cliente e ti vede, quello scappa di sicuro...

– Gli faccio paura, vuoi dire?

Monica considerò quel ragazzo piccolo, tarchiato, indeciso. Forse non era solo un trucco. Forse davvero Jani...

– Beh, si sa che i clienti preferiscono non essere visti...

Ora Jani la fissava con una luce strana negli occhi. Monica distolse lo sguardo. Pensa al bambino, si disse, pensa al bambino.

– Pullumb dice che ti devo controllare, – riprese Jani – ma io credo che... che sia tutto a posto.

– Allora vaglielo a dire!

– Sí, sí...

Che altro si poteva aggiungere? Jani chinò il capo e si voltò per tornare al suo posto d'osservazione.

– Jani?

– Sí?

– Grazie.

Non sapeva nemmeno lei da dove le fosse uscito quel «grazie». Non c'era proprio niente di cui ringraziare Jani. Avrebbe fatto la fine degli altri. Però un po' forse le dispiaceva. Solo perché si sforzava di essere gentile? Ma quella gente non sa che cosa sia la gentilezza. Jani, il nipote di Pullumb. E poi la spider lampeggiò, il cuore prese a batterle forte e Monica si avviò, forte e decisa, verso la libertà.

VII.

Prima di salire in macchina, Monica si fece giurare ancora una volta che non sarebbero andati alla Polizia.

– Fidati, – rispose Fabrizio, con un sorriso rassicurante – ti porto da quel prete di cui ti ho parlato. Lui ti dà dei vestiti come si deve e un tesserino di riconoscimento, e poi... poi decidi tu.

– Voglio solo andarmene.

– Come vuoi, te l'ho detto.

– La polizia mi metterà in prigione.

– Non credo, ma comunque sta a te decidere.

– Se li denuncio, ammazzano i miei.

– Fa' come credi, Monica. Io sono qui per aiutarti.

– Sono stati troppo cattivi con me.

– Hai ragione, cara.

La ragazza finalmente si gettò a sedere. Fabrizio incassò i suoi ringraziamenti senza fare una piega e le offrí una tavoletta di cioccolato. La vide addentarla avidamente, gli occhi chiusi, una mano abbandonata lungo il ventre, e gli venne da ridere.

Come avrebbero reagito Amedeo e Jacopo se, per una volta, si fossero comportati veramente da bravi ragazzi? L'idea di una variante al piano lo sfiorò, improvvisa e seducente. Portare Monica alla Polizia. Contro la sua volontà. Farle del male facendole del bene, o viceversa. Denunciare la gang di albanesi. Salvare un bambino. Diventare eroi. In fondo, è la solita vecchia battaglia: qualche volta vince il Bene, piú spesso il Male, ma non si devono avere preconcetti. Il pensiero di quel deficiente di Amedeo che finiva sui giornali come eroico salvatore della purezza infranta quasi lo fece finire fuori strada. Monica sobbalzò, guardandosi indietro, preoccupata.

– Tutto a posto, non è successo niente.

Nello specchietto s'intuiva la sagoma della Tipo di Jacopo. Procedeva, come d'intesa, a fari spenti. L'aspetto piú divertente del gioco stava nell'esercizio assoluto del potere. Dipendeva tutto da lui. Una questione di scelta, che avrebbe tenuto in bilico sino all'ultimo istante. Fu allora che Monica gli raccontò la storia di Jovanka. C'era questa ragazza, Jovanka, una slava. I serbi di Malko l'avevano venduta al capo, un certo Pullumb. Ogni volta che pronunciava il suo nome, nella voce di Monica s'insinuava una nota di terrore. Interessante, molto interessante. Jovanka, dunque. I serbi, dice Monica, sono gente dura, ma nessuno sa essere carogna come un albanese. Jovanka cerca di scappare la prima volta, ma è seguita. La riprende uno dei ragazzi di Pullumb, e la riporta dal capo. Il capo le fa una ramanzina, tutti la violentano, poi la usano come cesso collettivo, la tengono chiusa due settimane a pane e acqua e poi la rimettono sulla strada. Per un po' Jovanka riga dritto. Poi comincia a diventare strana, dimagrisce, fa meno soldi. Con le botte non si ottiene niente, allora Pullumb la fa seguire nuovamente. E si scopre che se la fa con un ragazzo, un idraulico. All'alba, al ritorno dal lavoro, la prendono e la portano in una stanza. Sono presenti tutte le altre ragazze della scuderia. C'è anche Monica. Cominciano a picchiare, ma Jovanka resiste. Allora passano alle sigarette, e quella ancora niente. Pullumb perde la pazienza, e le spezza un braccio. Davvero interessante: con un solo movimento, un piccolo rumore, *trac*, senza nemmeno smettere di fumare il suo sigaro cubano. Jovanka piange come una disperata. Dice: non vi dovete permettere di trattarmi come una schiava. E sputa il rospo: l'idraulico sta preparando le carte per sposarla, ha contattato un amico poliziotto e stanno predisponendo una bella retata. L'affare è serio. Tutti si agitano. Pullumb è l'unico che resta calmo. Si fa portare una grossa pietra e ordina a due dei suoi di tenere ferma Jovanka. I due eseguono. Allora Pullumb la colpisce sulla testa con la pietra, una, due, tre volte, finché Jovanka non smette di muoversi. Poi portano il cadavere vicino al posto dove lei batteva, e Pullumb telefona a un suo amico poliziotto e dice che gli è sparita una ragazza e che sono arrivati a Roma alcuni elementi di un clan rivale, gente del Nord, spietata e pronta a tutto. Gli dà anche l'indirizzo della pensione dove hanno preso alloggio. Il poliziotto trova Jovanka, fa due piú due e, morale, cinque figli di puttana che non c'entravano niente ora si stanno facendo trent'anni a Rebibbia.

– Ma io non farò la fine di Jovanka, – concluse Monica – perché ho trovato te!

E questa, si disse Fabrizio, manovrando per imboccare l'Appia Antica, potrebbe essere la terza variante. Farsi dire tutto di questo Pullumb. E dopo, a cose fatte, consegnargli la ragazza. In ogni caso, dopo quello che aveva appreso sul conto di questo geniale

condottiero, l'opzione «bravi ragazzi» cadeva ineso-
rabilmente.
   – Parlami di Pullumb, – le chiese.
   Monica si fece il segno della croce.
   – È il demonio!
   Fabrizio annuí. Ora sapeva da che parte stare. Il de-
monio è una figura affascinante. Sicuramente piú af-
fascinante del suo grande antagonista.

VIII.

   Dopo la trattativa di rito, Monica era salita a bordo della spider rossa. Jani si accese una sigaretta. Peccato non poter restare a parlare con lei, come due ragazzi. Poi, certa di non essere vista, dall'ombra si era
staccata la sagoma di un'altra macchina, una piccola
Fiat. Procedendo a luci spente, s'era lanciata nella scia
della spiderina. Non c'era bisogno di essere un professionista esperto per accorgersi che la Fiat seguiva
la spiderina. Aria di guai. Jani avviò il motore e, anche lui a luci spente, si accodò. Poliziotti in borghese? Balordi in cerca di emozioni? In ogni caso, gli ordini erano stati chiari. Toccava a lui. Poteva non succedere niente. Ma poteva anche succedere tutto. Si
sentiva pronto?
   Tenero come un agnello. Cosí l'aveva definito Pullumb, quella volta che non se l'era sentita di sfregiare
Ardjan dopo averlo messo a terra a suon di pugni. Un
conto era picchiare un uomo, un altro offenderlo con
lo sfregio, si era giustificato. Ardjan aveva sputato per
terra e se n'era andato senza stringergli la mano. Qualche minuto dopo, Pullumb l'aveva preso da parte.
   – Te la passo solo perché sei appena arrivato. Ma dovrai diventare uomo in fretta, o qua in mezzo non duri.
   Lui non sapeva nemmeno come avesse fatto a vincere l'incontro. Questione di fortuna, o di quel rosso
che aveva visto agitarsi davanti agli occhi quando
Ardjan, un anziano del clan, aveva insultato sua madre.

– Sí, non c'è male, – aveva concluso Pullumb – ma se vinceva Ardjan, tu non t'alzavi piú.

Non c'erano piú state occasioni di scontro, né con Ardjan né con altri. Essere nipote del capo era sicuramente un vantaggio. Ma quanto a sentirsi parte del clan, beh... non perdevano occasione per trattarlo come una specie di ruota di scorta. Gli importava? Chissà. Scriveva regolarmente alla madre: a Roma lavoro in officina, studio quando posso ma ho imparato bene la lingua, zio Pullumb è come un padre per me. Ma la paura, certe volte, lo afferrava alla bocca dello stomaco, e si scopriva a chiedersi cose assurde, roba che gli altri non avrebbero mai accettato: era quello che aveva cercato di spiegare a Monica. Ma non c'era riuscito.

Guidava tenendosi a un centinaio di metri dalle due macchine, che procedevano come in un lento corteo. La cosa si faceva sempre piú strana.

Ripensò a Monica. Lei era stata gentile, ma in un suo modo tutto distaccato, e, ci avrebbe giurato, anche ironica. Come se lo stesse sottilmente prendendo in giro. Tenero come un agnello. Avrebbe dovuto chiamare Pullumb e dirgli che forse c'erano guai. Ma lui avrebbe risposto: sbrigatela da solo, guadagnati il pane. Poteva insistere, dirgli che la ragazza era strana, e che poi c'era una macchina che la seguiva. Ma se lui gli avesse chiesto di spiegarla, questa stranezza, che avrebbe potuto dirgli? Che si era fatta baciare e poi l'aveva mandato via perché la sua presenza allontanava i clienti? Pullumb si sarebbe fatto una risata. Sí, Monica era stata gentile. Ma avrebbe mai dimenticato che anche lui, come gli altri, l'aveva presa come un animale? Ci avrebbe pensato lui, a farsi perdonare. Poteva sposarla, per esempio. L'enormità dell'idea lo fece rabbrividire. Pullumb lo avrebbe scuoiato. Lui aveva sposato una maestra, mica una puttana.

La spider svoltò per la via di Tor Fiscale. La Fiat seguiva a cinquanta metri. Rallentò. Era chiaro che il cliente stava portando Monica all'«albero delle pippate». Era una grossa quercia in un terreno incolto tra un

antico acquedotto e la via di Torre Branca. Una specie
di zona franca dove gli sbirri non mettevano mai il naso. La usavano i tossici per pippare, i trans per battere e gli spacciatori per piazzare la roba. Tutti si facevano i fatti loro. Svoltò anche lui per Tor Fiscale, fer-
mandosi al riparo di un magazzino abbandonato. Scese
dalla station-wagon. Un freddo da cani. Odore di terra bagnata. La luna che illuminava perfettamente la scena. La spider accostata a dieci metri dall'albero. Piú indietro, la Fiat. Tutti a luci spente. Forse a quelli dietro piaceva solo guardare. Jani accese un'altra sigaretta.
Ma era poi cosí assurdo quello che aveva pensato poco
prima? Sí, certo, le ragazze si chiamavano «mogli», ma
era un modo per sviare le indagini. Ma c'erano anche
dei matrimoni veri. Non sarebbe stato il primo né l'ultimo. Andava cosí: che si chiedeva il permesso al capo,
il capo e il promesso sposo sedevano davanti a una bottiglia di vino e fissavano il prezzo, il promesso sposo
riscattava la ragazza e poi era sua, ne facesse quello che
voleva. Se avesse avuto i soldi avrebbe riscattato Monica. Ma dove trovare il coraggio di parlarne con Pullumb?

La sigaretta era finita, e non succedeva ancora niente. Solo tempo perso, tenero come un agnello. Poi, d'improvviso, lo sportello della spider si spalancò e Monica
si catapultò fuori. Correva. Inciampò dopo pochi passi. Jani capí che la sua intuizione era stata confermata.
Che aveva fatto bene a seguirla. Jani sapeva di dover
intervenire. Dal lato del guidatore scese un ragazzo alto, atletico. In poche falcate raggiunse Monica, che stava per rialzarsi. Le fu sopra, lanciò un grido. Dalla Fiat
scesero due altri uomini. Uno era piccolino e scattante,
l'altro una specie di gigante, si muoveva con lentezza
esasperante, ma una massa di muscoli da spavento.
Adesso erano in tre, tutti su Monica. Jani sapeva di dover intervenire. Ma la paura lo paralizzava. C'erano ragazzi nel clan capaci di sbudellare tre uomini con un coltello da cucina. Ma erano i ragazzi del clan. Lui era solo Jani, tenero come un agnello. Che poteva fare?

IX.

Monica chiuse gli occhi e si abbandonò. Pensa al bambino, pensa al bambino. Volevano scoparsela? Non era una novità. Ne sarebbe uscita viva. Inutile cercare di resistere. Doveva pensare al bambino. Il suo ragazzo gentile, quel bastardo che aveva promesso di aiutarla, le strappò i pantaloncini. Quello secco rideva come un matto, battendo le mani. Il gigante si grattava la testa. Aveva gli occhi piccoli, punte di spilli, e grosse sopracciglia spruzzate di biondo. Monica non provò nemmeno a gridare. L'avrebbero fatto, magari le avrebbero preso la borsetta e poi l'avrebbero lasciata andare. Forse avrebbe dovuto farsi picchiare sulla faccia, per guadagnarsi un segno da mostrare a Pullumb, ma forse bastavano i calzoncini strappati. Inutile fuggire. La Madonna non aveva voluto aiutarla. Ma non era finita. Ci avrebbe riprovato. Sarebbe andata direttamente dalla Polizia. L'avrebbero aiutata. E sua madre? Suo padre? Il bambino contava di piú. Qualcuno doveva pagare per tutto lo schifo della sua vita. Quella notte stessa. Ora doveva solo cavarsi da questo guaio. Quando il gigante le si mise a cavalcioni sul collo, Monica giurò che avrebbe salvato il suo bambino a qualunque costo. Intanto, quello secco e il ragazzo gentile stavano prendendo accordi.

– Hai preso i soldi? Quando lui finisce, andiamo.

– Tu non te la fai?

– No, mi sono divertito abbastanza. Poi potrebbe arrivare qualcuno. Se lei ha preso la targa...

– Lei viene con noi.

– Ma sei pazzo?

– La riportiamo a casa.

– Come sarebbe?

Fabrizio si chinò e le sussurrò all'orecchio:

– Non è bello quello che volevi fare a Pullumb, tesoro. Perciò noi adesso ti riportiamo da lui e gli diciamo tutto...

Adesso sí che avrebbe voluto urlare. Ma il grosso membro del gigante glielo impediva. Allora Monica affondò i denti in quella carne maledetta. Amedeo schizzò all'indietro, urlando come un ossesso.

– La puttana me lo mangia! Me lo mangia!

– Sta' calmo, – disse Fabrizio.

– Andiamocene, – disse Jacopo.

Monica cercò di rialzarsi. Amedeo la prese per il collo, con una sola mano, la sollevò da terra e cominciò a scuoterla.

– Amedeo... – disse piano Fabrizio. Ma Amedeo era davanti al salice della villa, il mostro era uscito e lui adesso lo stava tenendo per una delle sue tre teste.

– Amedeo... – ripeté Fabrizio.

Amedeo lasciò cadere Monica.

– Ora andiamocene...

Amedeo saltò a piedi uniti sul torace della ragazza. Si sentí un rumore come di plastica schiacciata.

– Voleva mangiarmelo! – rise, soddisfatto, preparandosi a un nuovo salto.

In quel momento, i fari di una station-wagon li illuminarono.

– Viene qualcuno!

– Andiamo, presto.

– La puttana voleva mangiarmelo!

– Si va a casa mia, – ordinò Jacopo.

Prima di seguirlo, Amedeo sferrò un calcio alla testa di Monica. Portava gli scarponi chiodati con la punta rinforzata.

x.

Quando fu tutto finito, Jani si avvicinò alla ragazza. I fari, che aveva puntato sugli assalitori come un'arma, l'unica che fosse davvero in grado di usare, ronzavano dietro di lui. Le sollevò la testa, e si ritrovò le mani piene di sangue. Sangue che usciva dalla bocca, dalle orecchie, sangue sui seni che spuntavano dalla cami-

cetta lacerata, sangue sulle gambe piene di graffi. Ma
Monica respirava ancora. Compose freneticamente il
numero di Pullumb. Il capo ascoltò la sua convulsa spie-
gazione, poi gli chiese come stava la ragazza.

– Male. Respira appena.

– Portala qua.

– Ma non so se ce la fa... bisogna chiamare un'am-
bulanza... potrei portarla in ospedale...

– Niente ospedale. Ci sarebbe un'inchiesta.

– Ma sta... quell'animale le è saltato sul petto!

– Ci penseremo noi a lui. Tu portala qua.

– Zio, cazzo! Potrebbe morire!

– Se è forte se la caverà.

Pullumb interruppe la conversazione. Jani trascinò
Monica e l'adagiò sul sedile posteriore. Alla ragazza
sfuggí un gemito. Jani le parlò dolcemente: tutto si sarebbe risolto, era in salvo, ora, l'avrebbero curata, Pullumb la stava aspettando...

Sentendo quel nome, Monica spalancò gli occhi e
strinse forte il braccio di Jani. Jani distolse lo sguardo.
Monica rantolò un fonema incomprensibile, poi perse
nuovamente i sensi.

Jani si mise rabbiosamente al volante. Il cellulare
squillò. Sul display comparve il numero di Pullumb. Jani scaraventò l'apparecchio fuori dal finestrino.

– Vaffanculo, zio! – urlò.

Venti minuti dopo la mezzanotte Monica era in ria-
nimazione all'ospedale «Sandro Pertini», e Jani detta-
va la sua deposizione all'ispettrice di turno.

XI.

Seguito dai due amici, Jacopo fece irruzione nel sa-
lottino privato dove i membri della loggia «Themis»
stavano ultimando la riunione settimanale, e annunciò
la sua ferma intenzione di proporre domanda di affi-
liazione anche a nome di Amedeo e di Fabrizio. Prima
che gli sbalorditi fratelli potessero abbozzare una qual-

sivoglia reazione, Jacopo s'impossessò di uno dei pre-
ziosi sigari Cohiba che il padre riceveva personalmen-
te da Davidoff, ne tranciò l'estremità con un morso, e,
sprofondato in una poltrona Frau, disse:

– Vedi, papà, c'è un piccolo problema...

Il mago

Il ragazzo entrò nella baracca e andò a sedersi su di una sedia zoppa di fronte all'uomo che chiamavano il Mago.

Si era preparato per una frase secca, da pronunciare con il tono deciso di chi sa il fatto suo. Ma quando venne il momento, si ritrovò incapace di parlare.

Il Mago si alzò, gli girò intorno, e lui chiuse d'istinto gli occhi e incassò la testa tra le spalle, aspettandosi chissà cosa, forse un colpo. Ma il Mago stava frugando in un cassetto, gettava all'aria vecchie carte, finché non trovò quello che cercava, una busta di tabacco e un pacchetto di cartine. Confezionò due sigarette e gliene offrí una. Accesero, si misero a tirare in contemporanea. Il Mago liberò una branda sfondata e ci si stese sopra. Il tabacco era vecchio e aspro, il ragazzo si sforzò di non tossire, ma i polmoni gli dolevano, e cosí gettò via la sigaretta. Il Mago teneva gli occhi chiusi, e sembrava godersi con un piacere infinito ogni singola boccata.

Il ragazzo si agitò, provocando uno scricchiolio che infastidí il Mago.

– Zitto, sto pensando.

Ora il Mago si divertiva a esalare anelli di fumo, sempre piú grandi, a cerchi concentrici, e sulle labbra gli era spuntato un sorriso stralunato. Poi la sigaretta finí, il Mago trasse un profondo sospiro, si sollevò con uno scatto e si gettò carponi sul pavimento, nuotò sotto la branda, riemerse con una valigetta di metallo, la posò con delicatezza sul tavolinetto, andò a sederglisi di fronte.

– Sono queste che t'interessano, vero? – chiese, picchiettando sulla valigetta.

Il ragazzo portò una mano alla tasca posteriore dei calzoni, estrasse un portafogli rigonfio e lo tese goffamente al Mago.

– Ho i soldi –. La sua voce risuonò come un incerto pigolio.

– Vedo.

– Quasi due milioni, – insisté, questa volta piú sicuro di sé.

Il Mago ignorò l'offerta: il suo sguardo era concentrato su un punto al centro degli occhi del ragazzo.

– Ora stammi a sentire, stronzetto. So che si dicono molte cose sul mio conto. Alcune sono vere, altre no. Ma puoi star sicuro di una cosa: né tu né gli altri bulletti che girano in questo cesso di posto potete nemmeno lontanamente immaginare di che cosa sia stato capace, alla vostra età, il Mago.

Il ragazzo sostenne coraggiosamente quegli occhi iniettati di sangue.

Il Mago fece scattare la serratura della valigetta e sollevò delicatamente il coperchio. Le due pistole, perfettamente lucide, mandavano bagliori di luce e profumavano di olio fresco.

II.

Il ragazzo si faceva chiamare Ricky, aveva una bella voce, due occhi di velluto che facevano impazzire le ragazze e anche un grosso problema. Uno che si faceva chiamare Canna, pesava cento chili, si tingeva i capelli di giallo, era molto cattivo e aveva giurato di fargliela pagare.

Ricky non aveva nessuno con cui parlare del problema, nessuno con cui confidarsi seriamente, voglio dire. Beh, gli amici dicevano... si sa che cosa dicono gli

amici in questi casi, e anche se non dicono si capisce
che pensano «Sono cazzi suoi, che se la sbrighi da solo», o qualcosa di simile. Le cose sarebbero andate diversamente se avesse potuto, per esempio, parlarne con
il padre. Ma lui e il padre erano anni che non si parlavano, ammesso che si fossero poi mai parlati. Parlati,
dico, se non da amici, almeno come padre e figlio. Andò
a trovare Marco, uno che aveva lasciato la scuola due
anni prima. Marco non poteva o voleva fare granché,
era agli arresti domiciliari per una sciampagnata[4] di settembre, quando insieme a Gimmi Coccodrillo avevano rapinato un transex e poi s'erano dati dopo averlo
gonfiato di botte. Comunque Marco, ammorbidito da
un paio di bottiglie di Corona, gli dette un consiglio e
poi una dritta.
    – Hai due possibilità: il Mago e gli zingari.
    Al campo nomadi affrontò un vecchio con lunghi baf-
fi gialli che puzzavano di tabacco, e chiese di Safet. Il
vecchio stette a sentirlo, sputò in un catino di rame e
poi urlò qualcosa a un bambino. Il bambino si avviò con
passo indolente verso una roulotte, e tornò dopo cinque minuti con Safet. Safet era piú o meno della sua
età, piccolo e ben vestito, e quando Ricky gli ebbe spiegato di che cosa si trattava, sparò una cifra assurda. Il
ragazzo cercò di contrattare, ma quello scosse appena
la testa e poi fece con la destra il segno della gola tagliata. Ricky se ne andò pieno di paura, inseguito da un
codazzo di ragazzini che lo insultavano e gli tiravano
pietre. Mentre andava in officina, pensò che ce l'avevano con lui perché veniva dalle Torri, e tra le Torri e
il campo non ci poteva essere pace. La giornata era fredda e piovosa, e c'era da finire un lavoro. Con suo padre
distratto da una cliente, una bella signora elegante,
Ricky riuscí a mandare fuori fase il motore di uno Sca-
rabeo. Il padre s'incazzò molto, ma non c'era niente da
fare, se non rimboccarsi le maniche e rimediare.

---

[4] Sciampagnata, ossia bravata. Le piú diffuse sono lo scippo ai pensio-
nati e il pestaggio di prostitute e transex.

– Vattene a casa, – concesse alla fine – oggi stai da un'altra parte.

Si lavò nello sgabuzzino, sfilando velocemente la tuta, per timore che il padre, ripensandoci, lo richiamasse. Ma il padre se ne stava come incantato davanti al motore dello scooter, nemmeno rispose al suo timido saluto. Dalla soglia dell'officina, Ricky lo vide tirar fuori dal portafoglio una vecchia foto e contemplarla scuotendo la testa.

Sí, stava da un'altra parte, una brutta parte, e tutto per via di quel problema, e della decisione che aveva preso la sera prima, e che ora gli pesava quasi piú delle minacce del Canna.

III.

Ci sono poi i tre ragazzi. Abituati a tirar tardi, per noia o fantasia, se ne stanno appoggiati al muretto, ciascuno con la sua brava sigaretta appesa all'angolo della bocca, e sembra che abbiano poco o niente da dirsi. Quello alto, al centro, è il capo della combriccola. È proprio lui il famigerato Canna: sappiamo già che è grosso, cattivo e si tinge i capelli, e che sta cercando Ricky per fargliela pagare. Quello sulla sinistra, scuro e nervoso, quello che si muove a scatti e non c'è mai una posizione che gli vada bene, quello è il Ciuffo: non gli daresti un soldo, e invece è sodo e resistente, all'occorrenza. Il terzo e ultimo è tondo come un barilotto e ha una cicatrice che gli attraversa in senso longitudinale la fronte. Lo conoscono come Muro, e per il Canna darebbe tutte e due le braccia. Come, d'altronde, se gli fosse richiesto, farebbe senza esitare anche il Ciuffo. Pochi anni addietro a questi tre adolescenti furono imposti nomi di nobile origine. I tre ragazzi li abbandonarono presto, adottando soprannomi tanto connotativi quanto, almeno nelle intenzioni, spiritosi. Canna è tale perché vende spinelli, e ne fuma in gran copia, mentre Ciuffo, precocemente calvo, non ha un pelo in tutto il cranio. Quanto

a Muro, da bambino era un po' tonto, e dunque vittima predestinata dello scherno di piú svegli monelli. Fu
facile, a un cugino scafato, convincerlo che una certa
ricompensa sarebbe stata guadagnata se, con una serie
di testate ben assestate, il piccolo Giacomo fosse riuscito ad aprirsi un varco nella parete della cucina. Da
qui ferita, cicatrice e nomignolo.

IV.

– Dunque, – disse il Mago – tu vuoi una pistola. A
che ti serve?
– Devo difendermi.
– No, tu vuoi uccidere.
– Solo se è necessario.
– Risposta del cazzo. Se non fosse necessario, non
saresti qui.
Il ragazzo tacque. Il Mago si produsse in un sorrisetto di sufficienza, poi sollevò le armi, una dopo l'altra, con la solita delicatezza.
– Questo è un revolver Franchi Llama di fabbricazione spagnola, anno di produzione 1956. E questa è
una semiautomatica Beretta a canna lunga, un capola-
voro dell'arte nazionale, made in Gardone Val Trom-
pia. Entrambi i modelli portano indifferentemente cartucce calibro 38 o 357 magnum. Prendile, e dimmi che
cosa noti.
Il ragazzo afferrò le due pistole. Erano fredde e, cosa che non si aspettava, leggermente umide. L'odore
del lubrificante gli faceva venire in mente l'officina del
padre. Quando le rimise nella valigetta, dopo averle at-
tentamente soppesate, si accorse che sulle dita gli erano rimaste delle macchie brunastre.
– Allora?
– La... questa è piú leggera...
– Sí, è vero, – annuí il Mago – il revolver è piú leggero e maneggevole della Beretta. Come puoi vedere,
ha un tamburo che ruota e contiene sei piccoli loculi,

che si chiamano camere di scoppio. In ciascuna camera puoi inserire un proiettile. Questa è la sicura, questo il cane, questo particolare modello è a doppia azione, quindi puoi esplodere il colpo tanto sfiorando il grilletto che abbassando il cane. Naturalmente, devi prima togliere la sicura...

v.

Alle Torri c'era il solito mortorio: panni appesi, due tossici appoggiati al cancello della palazzina D in attesa della spacciatrice del quarto piano, il Calabrese che lucidava le sue mele deliziose, quattro amici stravaccati sul muretto. Pensò di passare dal retro, per non farsi vedere, ma Tonio il Caccola, che stava di vedetta, lo avvistò. Senza un sorriso gli furono subito intorno.

– Il Canna ti sta cercando.
– È per quella storia di Simona.
– Non gli è andata giú.
– Il Canna mo' ha rotto...
– Noi stiamo con te.
– Che hai deciso di fare?
– Niente.

Era una risposta obbligata, ma qualcosa doveva pur fare. Non poteva vivere tutta la vita con quella scimmia sulla schiena. Mentre gli amici ironizzavano sulle imprese del Canna, Ricky ripensò al consiglio che gli aveva dato Marco: qualunque cosa tu abbia in mente di fare, se vuoi farla, falla subito.

– Tra dieci giorni fai diciott'anni, no? E allora, muoviti prima. Cosí al massimo finisci davanti al Tribunale dei Minori. Io ci sono passato due o tre volte. Sono cosí stronzi che si bevono tutto, non aspettano altro che di sentirsi raccontare la triste storia del bravo ragazzo che è finito nei guai per colpa della società. Ti prendi un bravo avvocato, meglio se è donna, ti metti il vestito buono, gli racconti due cazzate e te la cavi con un colloquio con lo psicologo e la predica del Presidente. Tu giuri su tua madre che sei pentito e hai messo la testa a posto e nessuno ti romperà piú i coglioni. Ma se perdi l'occasione e finisci tra le unghie di un Pubblico Ministero di quelli veri, beh, amico, allora so' cazzi tuoi.

Restarono a chiacchierare per un po', si fecero uno spino e poi Ricky si allontanò con un pretesto. La casa del Mago era una specie di baracca dall'altro lato della marana, dove stavano costruendo i binari del tram e le Torri-Due. Confinava con il cantiere, si poteva anzi dire che fosse già dentro il perimetro dei ponteggi. I Carabinieri erano andati già due volte a sfrattarlo, ma il Mago era sempre ritornato. La MG rossa che si era costruita pezzo a pezzo era sempre parcheggiata davanti alla porta di lamiera. Ricky sudava. Quei dieci metri di fanghiglia gli parevano un ostacolo insormontabile.

– Ricky!

Per un istante pensò che potesse trattarsi della madre. Forse qualcuno l'aveva informata, e lei era venuta a cercarlo, neanche fosse ancora un moccioso. Ma, voltandosi, si vide venire incontro Simona, allargò le braccia, ricevette il suo abbraccio profumato, la baciò sulla bocca.

– Mi offri un gelato?

Presero il tram, la linea vecchia, e si avvicinarono al centro, dove tutto, le facce, gli odori e persino il freddo e la pioggia è diverso. I soldi gli pesavano addosso, e quando, per pagare la consumazione, tirò fuori il rotolo di banconote sentí che tutti, anche Simona, lo guardavano in modo strano. La ragazza non fece commenti: era questo che gli piaceva tanto in lei, sapeva starsene al suo posto. Come deve saper fare una donna, la donna giusta. Restò a fissarla mentre piluccava la sua coppa alla frutta, piccola, calda, con gli occhi chiari e i capelli luminosi, intenerito dal cappottino con il collo di pelliccetta e dalla catenina con l'orsetto dorato che baluginava dallo spacco contenuto della camicetta. Una brava ragazza. Non avrebbe mai potuto rinunciare a lei. Per questo doveva farlo.

– Tu non mangi?

Il suo gelato, cioccolato e panna, si stava lentamente liquefacendo. Non mangiava, e aveva lo stomaco in subbuglio.

– Ci sposeremo, vero, Simo'?

Lei lo guardò, improvvisamente seria.

– Ho parlato con Marco Modica.

Ricky si accese una sigaretta, aspirò due boccate, annuí.

– Stavi andando dal Mago, vero?

– E allora?

– Non voglio che ci vai.

– Simona...

– Non voglio che fai proprio niente.

– Non sei tu che decidi...

– Sí, se vuoi che restiamo insieme.

– E che dovrei fare allora?

– Niente.

Avrebbe voluto dirle: e vivere cosí, con la paura addosso, che ti mangia il fegato e la notte non riesci a chiudere occhio, e ti guardi intorno dovunque vai e cammini rasente i muri e hai perso l'appetito e anche la voglia di fare l'amore? O: non sono cose di donne, queste, non deludermi, quello che ho trovato di buono in te non cancellarlo, sii remissiva, lasciami fare a modo mio. E ancora: portarsi per sempre addosso il marchio del vigliacco? A questo non ci pensava, lei?

– Niente...

Lei gli prese una mano tra le sue e lo costrinse a spegnere la sigaretta.

– Guardami. Guardami negli occhi. Ci parlerò io con Enrico...

– Non chiamarlo cosí!

– Bisogna fare la pace. Che cosa sono queste...

– Lo chiami cosí perché sei stata con lui!

– Sí, ma ho scelto te. Io ho scelto te, ricordatelo!

Si liberò dalla stretta, con un gesto secco. Non poteva pensarci: lei era stata sua, era stata sua prima di lui, lui veniva dopo, e dopo, forse, ce ne sarebbe stato un altro... Gli occhi di Simona si andavano riempiendo di lacrime.

– Ma che cos'hai in quella testa! Io ti amo...

Ripresero lo stesso tram, seduti uno accanto all'altra, senza dirsi una parola. La riaccompagnò a casa, Simona, camminando, scalciava, la borsetta si agitava insofferente della tracolla. Sí, il Canna... Enrico, come lo chiamava lei... c'era stato prima. Ma adesso c'era lui. Sotto il portone le accarezzò i capelli. Simona si abbandonò sulla sua spalla.

– Oggi ero cosí felice. Ho trovato lavoro. Una profumeria in centro. Comincio domani. Non rovinare tutto.

VI.

Canna, Muro e Ciuffo costituiscono un gruppo, una piccola società strutturata secondo uno statuto non scritto ma le cui regole fondamentali tutti accettano con l'atto di adesione. Si tratta di regole non molto dissimili da quelle di un qualsivoglia consesso organizzato: prima tra tutte, la regola dell'appartenenza, con i corollari consueti, obbligo di fedeltà, imposizione di prestazioni periodiche, ecc. Non siamo, conviene subito precisarlo, nell'ambito di un'associazione criminale, almeno non secondo i parametri di solito impiegati dai tecnici del diritto. Gli affiliati non si riuniscono ed associano allo scopo di commettere una quantità imprecisata di delitti: Muro e Ciuffo hanno un lavoro regolare, impiantista il primo, addirittura idraulico (sebbene ancora nel rango minore di apprendista) il secondo. Lo stesso Canna alterna all'attività di spaccio di droghe leggere lunghi periodi di collaborazione a un'agenzia di pony express, gestita da un fascio col codino che sottopaga in nero e tocca il sedere alle ragazze. Nessuno dei tre può vantare la tradizionale infanzia difficile e nemmeno precedenti penali. Ciascuno pensa di essere un tipo a posto, togo e tosto. Non delinquenti a tutti gli effetti, dunque, ma ragazzi svelti di mano in un mondo chiuso e banale. Ragazzi come tanti altri, e questa storia li ha catturati nel bel mezzo di un guado morale che rende le loro esistenze aperte a qualunque possibile esito. Potrebbero diventare mafiosi come buoni padri di famiglia (ammesso che i loro padri siano stati all'altezza del compito e che essi si sforzino d'imitarli), onesti lavoratori come eroinomani fracichi. In questo momento non sono che dei balordi di periferia con tanto futuro davanti e nessuna memoria alle spalle.

VII.

Le dita del Mago si trasferirono sull'altra pistola. Ricky contemplava affascinato i movimenti secchi, rapidi, decisi dell'uomo.

– Quanto alla semiautomatica, questo è il caricatore, contiene undici proiettili, lo si inserisce con un colpo secco, ecco fatto, e abbassando questa leva si spedisce l'undicesima cartuccia direttamente nella canna. Ora la pistola è «armata». La principale differenza tra il revolver e la semiautomatica sta in questo: la semiautomatica espelle il bossolo, cioè la parte inerte della cartuccia. In genere l'espulsione avviene verso destra, intendo dire verso la destra di chi spara. Sono pochi i modelli che espellono a sinistra, per esempio la Derringer, ne avrai sentito parlare, se hai mai letto Tex Willer. Il revolver, invece, trattiene il bossolo all'interno della camera di scoppio, liberando solo la parte attiva della carica. Da qui il nome, «revolver», cioè arma che rivolge il bossolo al suo interno. Il revolver, come ti dicevo, è piú maneggevole, ma presenta un inconveniente: può facilmente incepparsi, ed è soggetto, in alcuni casi, a un processo di ossidazione, ma questo dipende dallo stato di conservazione dell'arma e, quindi, in definitiva, dalla maggiore o minore cura che le si dedica. Il revolver è anche piú preciso, di solito, poiché l'energia cinetica che occorre impiegare per esplodere il colpo è minore rispetto a quella richiesta dalla

semiautomatica. In altri termini, con un revolver puoi
sparare impugnando l'arma con una sola mano, mentre la semiautomatica ha un rinculo decisamente piú
forte, e dunque conviene ispirarsi ai film americani: impugnatura a due mani, braccio teso, caricamento della
schiena sui talloni e, secondo la mia esperienza di questo esemplare in particolare, lieve torsione del busto
verso la sinistra. La semiautomatica ha anche i suoi
vantaggi, naturalmente. Per esempio, è preferibile al
revolver in caso di tiro continuato e ripetuto, poiché
una serie di pressioni identiche sul grilletto assicurano
qualcosa di assai prossimo ad una raffica, annullando
l'effetto dispersione che invece è inevitabile in caso di
impiego del revolver. Tuttavia, a conti fatti, io continuo a preferire il revolver. Lo ritengo... diciamo... piú
affidabile... un buon revolver... è un buon amico... il
compagno ideale e inseparabile... un buon revolver non
ti tradirà mai... sarà un partner esigente, ma potrai
sempre contare su di lui, al momento opportuno...

VIII.

Passò il pomeriggio in sala giochi, spendendo come
uno scemo e fumandosi un intero pacchetto di sigarette. Uscí sotto una stellata frizzante, rientrando dal retro per evitare gli amici. A casa suo padre fece una scenata. Si era accorto dell'ammanco, quasi due milioni,
mica uno scherzo. Ricky non disse una parola, la testa
sprofondata in un piatto di sofficini surgelati che si
sforzò di mandare giú sino all'ultimo boccone. Per fortuna i sospetti cadevano su un commesso con l'orecchino. Dopo cena i suoi si piazzarono davanti alla tv.
Ricky vedeva sfilare come in un sogno immagini di gente ricca, ben vestita, sorridente, c'era musica, si ballava, il pubblico applaudiva estasiato, tutti, il presentatore dagli occhi truccati, le donne dai seni abbondanti
e gli uomini con i capelli tirati di gel, tutti avevano l'aria
di divertirsi un mondo.

– Stronzi! – disse il padre, e si mise a smanettare sul telecomando. La madre dormiva già da un pezzo, la bocca semiaperta che produceva un curioso rantolo come di morte. Sgusciò in strada senza dare spiegazioni, e d'altronde era da un po' che avevano rinunciato a chiederne.

Le Torri erano deserte, passava qualche macchina lontana, aveva ripreso a pioviginare. Attraversò il fossato cercando di bagnarsi il meno possibile, girando al largo dal cantiere per evitare i cani del guardiano. I soldi gli bruciavano nella tasca dei calzoni, dalla baracca del Mago filtrava una lucina tenue, sulla MG luccicavano le striscioline dei rigagnoli d'acqua. Si fermò davanti alla porta di lamiera, che era soltanto accostata. Il vapore offuscava i vetri, e gli rendeva impossibile sbirciare all'interno. Si raccontavano molte storie intorno al Mago: che era stato un terrorista, aveva messo delle bombe, chi diceva anarchico, chi fascista. Che una volta aveva sparato a un uomo perché gli aveva attraversato la strada schizzandogli i calzoni di fango. Che si era fatto quindici anni nelle carceri speciali per aver svaligiato una banca dopo aver sequestrato il direttore e la sua famiglia, quindici anni di merda a prenderle da secondini e poliziotti senza fiatare sul bottino, mai ritrovato. Il bottino che il Mago non si era potuto godere, perché se l'era fregato qualche complice, e il Mago zitto, nemmeno una parola. Si diceva anche che quel complice avesse fatto una brutta fine, impiccato a un albero di Giuda con trenta biglietti in bocca. Si diceva che il Mago gli avesse anche tagliato l'uccello. Si diceva che per il Mago lavoravano donne che lo coprivano d'oro. Che gli piacevano i ragazzini. Che durante la latitanza era stato nel deserto ed era sopravvissuto mangiando carne umana. Ricky l'aveva visto una sola volta in tutta la sua vita. Il Mago si era presentato all'officina chiedendo una gomma di ricambio, un modello antico, suo padre l'aveva mandato via scuotendo la testa. Il Mago era piccolo di statura, con i capelli tutti bianchi e gli occhiali, portava un giaccone co-

lor vinaccia e aveva la barba di tre giorni. Incrociando
lo sguardo di Ricky, aveva sorriso. Si fece coraggio e
bussò, chiedendosi se due milioni sarebbero bastati.
Spinse la porta.

IX.

C'è, a questo punto, necessità di una precisazione:
tutto quanto sin qui detto a proposito dei «cattivi»
Canna, Muro e Ciuffo si adatta a perfezione anche al
«buono» Ricky. Sono molti i tratti comuni a tutti e
quattro i ragazzi, e vanno dall'origine familiare, alla
posizione sociale, ai gusti e alle aspettative. Non è un
caso, insomma, che siano nati nello stesso quartiere,
che frequentino lo stesso pub e le stesse discoteche, che
amino la stessa musica, le stesse macchine veloci, gli
stessi gadgets made in Taiwan, che stravedano per lo
stesso tipo di ragazza.

Già, le ragazze: devono essere carine e profumate, e
concedersi, perché, nonostante le balle che sparano le
inchieste estive dei settimanali, la verginità è più che
mai un optional. Simili a tante loro coetanee, indossa-
no biancheria sexy e vestono secondo i dettami dell'ultima moda, ma quando calano in centro abbracciate ai
loro ganzi sono immancabilmente tradite da quell'aria
di periferia che è come una seconda pelle. La geografia
che le ha incastonate ai bordi della città si riflette sulle
aspirazioni e sui codici di comportamento. Sognano di
diventare modelle, o, più modestamente, di apparire in
qualche tv show. Sono fedeli al fidanzato: la sua parola è legge. Non s'intromettono se due maschi discutono; sottomesse, si chiede loro di esprimere muta ado-
razione e pieno consenso alla virilità del compagno di
turno.

A Ricky, come al Canna, importa che sappiano tacere e ammirare, rispondere se interrogate, confortare, fare del sesso, lasciarsi esibire: in una parola, starsene al
proprio posto. È concesso loro di spadroneggiare in ca-

sa, tradizionale regno della donna. La strada è un'altra cosa. La strada è del maschio. Perché nella strada c'è il pericolo, ogni isolato ha il suo piccolo ras, e mantenere il punto d'onore è la legge. La ragazza coltivi pure con le amiche l'arte del pettegolezzo, ma non si azzardi ad avere amici maschi, solo, semmai, compagni di comitiva. Il maschio sa essere duro, quando ci vuole ci vuole, ma anche tenero. Modelli di riferimento: Bruce Willis, Eros Ramazzotti e *Una carezza in un pugno*.

Sí, Ricky e il Canna sono proprio uguali.

X.

Il Mago tacque, fissando le pistole con la tenerezza di un padre o di un amante. Ricky sentiva brividi di eccitazione percorrergli la schiena. Con un gioiello cosí sarebbe stato invincibile. Il Canna se la sarebbe fatta addosso solo a vederglielo spuntare nella mano. Ma sarebbero bastati due milioni? Con un colpo secco, il Mago fece calare il coperchio della valigetta.

– Questo quanto alla teoria... o forse dovrei dire all'estetica... ora, veniamo agli effetti pratici...

Si diresse verso un mucchio di libri, ne gettò alcuni all'aria, scelse una specie di grosso album di fotografie e tornò a sedere. Il suo sguardo s'era fatto cupo.

– Dà un'occhiata a questa roba, piccolo.

Perché era cambiato tutto cosí all'improvviso? Perché il Mago ora aveva questo tono tanto determinato quanto ostile? Aveva forse deciso che lui non era all'altezza dei suoi gioielli? Non voleva piú dargli la pistola? Ma ne aveva cosí bisogno...

– Avanti, che aspetti?

Ricky si accostò timidamente al grosso volume coperto di polvere, aprendolo ad una pagina a caso. Quello che vide gli fece venire voglia di vomitare. La voce del Mago risuonava grave, lontana, beffarda.

– Questo è l'effetto di un minuscolo proiettile calibro 6.35 esploso da distanza ravvicinata dietro l'orecchio di

un essere umano. Di una persona. Un proiettile calibro
6.35 che è grande meno della metà di un calibro 357 magnum. Questi grumi rappresentano la lacerazione dei tes-
suti, questa deformazione indica l'impatto dei fram-
menti di piombo con l'osso mastoide, questa pappa bianca è quel che resta di un cervello, il luogo deputato alla
fabbricazione dei sentimenti e all'elaborazione delle
idee... questa è la teca cranica dopo il rovesciamento,
l'immagine è statica perché siamo sul tavolo dell'anatomo-patologo, questa persona è finita su quel tavolo perché qualcuno ce l'ha mandata con una leggera pressione
delle dita sul grilletto di uno di quei gioiellini che tanto
ti hanno affascinato... Di solito l'anatomo-patologo comincia con un taglio a Y, partendo da qui, dallo sterno,
per finire all'inguine. Poi si esaminano i visceri, e se è il
caso si procede alle analisi tossicologiche, per accertare
se il defunto aveva mangiato o bevuto e che cosa, o se
era drogato... Hai voglia di vomitare, vero? Succede.
Ma succede anche di farci l'abitudine. È una questione
di scelte. E dipende solo da te. Sta a te decidere se fare,
di un uomo, questo che vedi.

XI.

Simona sta col Canna, ma quando incontra Ricky
s'innamora perdutamente e lo pianta. Il Canna, furen-
te, chiama a raccolta gli amici per vendicarsi. Ricky lo
viene a sapere e si attrezza di conseguenza. Una storia
di ragazzi. Dovrebbe finire con una scazzottata o, visto che in fondo Canna e Ricky sono proprio come due
facce della stessa medaglia, in amicizia. E allora, che
c'entra la pistola? Già. Vorrei capirlo anch'io.

XII.

Il Mago si arrotolò un'altra sigaretta.
– E c'è un'altra cosa che devi sapere. L'odore. No, non

quello della cordite, il puzzo di bruciato che deriva dalla combustione dei gas e che ti fa venire in mente i botti della notte di Capodanno... Oh, no, io sto parlando di quell'altro odore... sapevi che la prima reazione del corpo alla morte è il collasso degli intestini? In pratica, intendo dire puzza di merda e di piscio. Il vero odore della morte. Dipende dal fatto che il cervello non manda piú gli impulsi necessari al controllo. Un po' come quando si è vecchi e si è costretti a girare con il pannolone. Questa è la morte, ragazzo mio. Solo che quella donna... Doris si chiamava, vedi, in fondo sono un po' un sentimentale, ricordo ancora il nome, Doris Qualcosa... quella donna non perse il controllo degli intestini perché era diventata vecchia, o per qualche malattia. Quella donna... Doris... aveva trentott'anni, ed era anche ben fatta, se è per questo... Fui io a farle questo. Mi bastò premere il grilletto del mio fidato revolver. Che lo volessi o no ha poca importanza. Accadde, e questo è ciò che conta.

– E dopo?

– Guardati, sei rosso, infiammato, giovane e sciagurato. Non sai niente della vita e stai già pensando a dopo. Dopo... dopo è niente, quello che conta davvero è il momento della scelta... e poi, dopo c'è sempre il carcere...

– Se ti prendono...

– Senti il pistolero! Augurati di essere preso, ragazzino: perché o ti beccano gli sbirri o ti becchi una pallottola, e in questo caso vai a finire su quel tavolo operatorio, accanto a Doris o a quell'altro, come si chiama, il Canna...

– Ma tu poi sei uscito...

– Che c'entra, mi hanno dato la seminfermità per via della malattia, ma meritavo l'ergastolo. E poi, uscire non è un grande affare, dopo... Perché è prima che si deve fare la scelta giusta... Prendi me... ero chiuso dentro quella maledetta banca, e sapevo che non ce l'avrei fatta comunque... quelli non mollano mai, non quando ci sono in mezzo i soldi. Il piano... eppure era un piano perfetto... almeno sulla carta... qualcosa poi

va sempre storto, è come un segnale, che non esistono
scorciatoie, o qualcosa di simile, e io quello che cerca-
vo era proprio una scorciatoia. Esattamente la stessa
cosa che stai cercando tu adesso. Bene, sono chiuso
dentro. E voglio un elicottero, e un miliardo, un miliardo di allora, bada bene, e un passaporto, non so
nemmeno io che cosa voglio, o meglio, lo so, voglio ve-
nirne fuori a testa alta. Cosí lancio un ultimatum: se
non accetterete le mie richieste, farò fuori un ostaggio
ogni trenta minuti. Passano venti minuti, ne passano
venticinque, ventinove, al trentesimo squilla il telefono. È un poliziotto, uno dei capi, non fare sciocchez-
ze, dice, ci stiamo attrezzando. Beh, che ti devo dire,
io ho la coca che mi va su nel cervello, non mi prendono sul serio, sono stronzi, credono che lo stronzo sia
io, ma mi dovranno prendere sul serio, ne uscirò comunque a testa alta, c'è questa donna che non la smette di frignare, io non lo sopporto quando frignano cosí, specialmente le donne, le appoggio la canna all'orecchio, c'è un movimento, sono io che premo il grilletto,
e non sono io che premo il grilletto, cazzo, se sono io,
c'è ancora il telefono aperto, pronto pronto, dice il que-
store o che diavolo è, pronto, sí, rispondo, la prima è
andata, adesso mi credete? È questo che vuoi, è questo
che vuoi davvero, stronzetto?

XIII.

Muretto. Strada delle «Torri». *Esterno notte.*

Canna, Muro e Ciuffo si passano uno spinello. Pio-
viggina.

MURO   Oggi ho alzato mezza piotta.
CIUFFO   Io so' annato puro mejo de te!
MURO   Allora il cinema lo paghi te!
CIUFFO   Perché, si va al cinema?
MURO   Aho', qualche cosa se deve pure fa', no?

CIUFFO   Andiamo a rompere i coglioni alle nigeriane, sul lungotevere.

MURO   Guarda che quelle c'hanno i pappa...

CIUFFO   Embe'?

MURO   Menano!

CIUFFO   Pure noi. Che te sei scordato come se fa?

Ad ogni battuta del dialogo, Muro e Ciuffo hanno rivolto un'occhiata preoccupata al Canna. Il quale, una volta impossessatosi dello spinello, non l'ha piú restituito agli amici, ed è rimasto ad ascoltare, tirando, senza intervenire, con l'aria di chi è sommamente disinteressato al mondo intero. Si sente qualcosa nell'aria, e si sa pure cosa, ma nessuno ha, evidentemente, il coraggio di affrontare il toro per le corna.

Dal fondo della strada sbucano le sagome di Cetty e Liana, due ragazze del quartiere. Ognuna delle due porta una busta di latte. Conversano animatamente. I loro passi ticchettano sostenuti sul sampietrino. Canna le indica agli amici. Muro e Ciuffo avanzano con fare indolente. Non appena si accorgono di loro, le ragazze si irrigidiscono, il cicaleccio cessa, il passo si fa piú incerto. Sembrano indecise se proseguire o cambiare strada. L'esitazione è fatale. Ciuffo e Muro hanno sbarrato la strada. Sorridono. Notiamo che le due ragazze sono proprio del tipo che solletica le fantasie del maschio Ricky e del maschio Canna: piccolette, ben fatte, *overdressed* per una capatina dal droghiere all'angolo di casa. La scia dello shampoo sovrasta il sentore dolciastro dell'hashish.

MURO   Ciao, Cetty, ciao, Liana.

RAGAZZE *(all'unisono)*   Ciao.

CIUFFO   Fatti mandare dalla mamma...

LIANA   Levatevi, che facciamo tardi.

MURO   Uh, quanta fretta!

CETTY   Dài, che poi mia madre s'incazza...

CIUFFO   E su, facciamo due chiacchiere...

CETTY   Stasera no.

MURO   E stasera no, e ieri no, e chissà domani che

ti inventi... eppure, una volta hai detto che te pia-
cevo...
CETTY   Beh, ho cambiato idea.
CIUFFO   E chi t'ha dato il permesso?
LIANA   Oh, sentite, mo' c'avete rotto, tutti e due.

Canna avanza dall'ombra e si para davanti al gruppetto. Cetty e Liana inalberano un cipiglio altezzoso.
Volto sdegnosamente lo sguardo da un'altra parte, osten-
tatamente rifiutano di rispondere al Canna e persino di
guardarlo.

CANNA   Mi dovete fare un piacere, voi due. Dovete andare da quella zoccola dell'amica vostra... sapete di chi parlo, vero? Bene. Allora ci andate e le
dite che è colpa sua se devo ammazzare di botte
Ricky.

Cetty, che delle due è la piú intraprendente, finalmente pianta addosso al Canna uno sguardo di fuoco,
colmo di sfida.

CETTY   Tutto qui?

Canna sputa per terra e l'afferra per un braccio, tor-
cendolo. La ragazza ha una smorfia di sofferenza e un
piccolo guaito di dolore.

CANNA   No, c'è ancora una cosa... All'amica tua dil-
le pure che uno di questi giorni le spezzo le gambe.

Liana interviene, sforzandosi di impostare un tono
risoluto. Anche se, in realtà, si lascerebbe volentieri
scappare la lacrimuccia.

LIANA   Adesso piantatela, guardate che chiamo il
113!
MURO   Bum!
CIUFFO   Tatà-tatà-arrivano i nostri!

LIANA   C'ho il cellulare, eh!

CANNA *(mollando Cetty)*   Lasciatele perdere, 'ste stronze.

Il trio si ritira in buon ordine. Le due ragazze si allontanano praticamente a passo di corsa. Canna riconduce i compari al muretto.

CANNA   Avete capito adesso perché lo dobbiamo fare?

MURO   Già.

CIUFFO   Mmm...

CANNA   Quella troia di Simona non c'entra niente.

MURO   Già.

CIUFFO   Mmm...

CANNA   M'aveva già stufato, quella.

MURO   Già.

CIUFFO   Mmm...

CANNA   Ne trovo dieci meglio di lei, come e quando me pare.

MURO   Già.

CIUFFO   Mmm...

CANNA   Quelle due...

MURO   Come c'hanno accannato...

CIUFFO   De brutto.

CANNA   E io non mi faccio accannare. Da nessuno...

CIUFFO   Da nessuno.

MURO   Già!

CIUFFO   Oh, però, pensace, accanna' er Canna... fa un po' ride', no?

CANNA   E non c'è un cazzo da ride, stronzo. È una questione di rispetto!

MURO   Rispetto delle regole.

CIUFFO   C'hai ragione, Canna.

CANNA   Rispetto di noi stessi. Bisogna intervenire.

MURO   E subito.

CIUFFO   Se no finisce tutto a puttane.

CANNA   Già. Mmm... Allora si va?

MURO E CIUFFO   Andiamo!

XIV.

Il Mago sembrava sfinito.

– Ora ripeti: che cosa vuoi farci con la pistola?

– Io... non ho intenzione di usarla... lo giuro! Voglio solo mettergli paura...

– Stronzate! Tu la userai perché ti farà sentire potente e invincibile. E ti rovinerai la vita. Con le tue stesse mani. T'è morto mai un amico?

– Che cosa?

– Un amico, uno giovane, della tua età. Ce l'hai un amico morto, sí o no?

– Uno c'era... si chiamava Adelmo... è caduto con la moto...

– Sei andato a vederlo?

– No... cioè, sí, al funerale, stava dentro la bara...

Il Mago gli scoccò un'occhiata carica di commiserazione.

– Stai raccontando un mucchio di cazzate, ragazzino. Comunque, mi sono rotto. Vado a pisciare, qui, come vedi, i servizi lasciano alquanto a desiderare, cosí sono costretto ad appoggiarmi al cantiere...

– Ma ci sono i cani...

– Quelli hanno paura del Mago...

Ora era solo nella baracca, solo con la valigetta. Si chiese come avrebbe reagito il Mago se lui l'avesse rubata. Accarezzò l'involucro, fece scattare la serratura. Il rumore gli parve tremendo, e si voltò di scatto, temendo di essere sorpreso. Ma il Mago non rientrava ancora. Le pistole lo fissavano, imbarazzanti, rassicuranti, amichevoli. Ipnotizzato, non si accorse della sua presenza finché non si sentí quasi svellere una spalla, e si ritrovò a mezz'aria, sollevato da una stretta che gli mozzava il respiro.

– Se stai pensando di rubarne una, te lo sconsiglio. Ti riprenderei in un minuto e ti farei pentire di essermi venuto a cercare. E adesso fila, stronzetto, ho sonno.

XV.

È mezzanotte passata. Simona sta nella sua stanza, al terzo piano dell'edificio H delle Torri, in pigiama, semisdraiata sul letto basso del castello che sino a tre mesi prima ha diviso con una sorella piú grande andata sposa a un finanziere di stanza a Verona. Con una mano accarezza Puky, il tenero cucciolo di panno che l'ha accompagnata lungo i duri, interminabili quattro anni del Professionale. Con l'altra mano consegna al diario i suoi pensieri segreti. Da quando aveva tredici anni non salta un giorno: la sua grafia ordinata copre fitta righe e righe di resoconti inframezzate da riflessioni che ha ripreso dai fotoromanzi e dalla tv. Vorrebbe sprofondare lentamente in un sogno rosa e ritrovarsi, come in quella vecchia canzone che è tornata di moda, *per prati azzurri e colline e praterie dove corrono dolcissime le mie malinconie*. Ma il sonno tarda a venire, e il frasario, esaurito, cede il posto a ghirigori senza senso: profili di ragazze dagli occhi sognanti, con lunghi vaporosi capelli di principessa, e muscolosi, teneri virili eroi dalle profonde ciglia innamorate... Poi, d'improvviso, sente il grido, e, con il grido, un presentimento. Col cuore in gola corre alla finestra, s'affaccia: c'è una teoria di lampioni mezzo sbreccolati, solo pochi funzionano ancora, scampati alla furia dei ragazzi delle Torri; ma comunque ci si vede bene, i motorini sono incatenati al semaforo lampeggiante giallo, Ricky sta da una parte, il Canna e i suoi amici avanzano in formazione, Canna al centro, Muro piú indietro sulla sinistra, Ciuffo che saltella alla sua destra, battendosi un pugno contro il palmo dell'opposta mano. Con un urlo soffocato, Simona si precipita in strada.

Ricky è stato messo alla porta dal Mago, ha avuto la sua prima chance, l'ha persa. S'è ricordato, tornando verso casa, della vecchia pistola che suo padre tiene da qualche parte in officina, per difendersi dai ladri. Guarda com'era vicina la soluzione, e quanto è stata lunga e tortuosa la strada per arrivarci! Non l'ha mai usata, l'uomo, ma nemmeno se ne è mai sbarazzato: segno che davvero sta scritto che l'arma comparsa in scena prima o poi ineluttabilmente sparerà. La ricerca non gli ha portato via piú di dieci minuti. Il revolver – in fondo, l'incontro con il Mago a qualcosa era servito! – giace in una scatola di scarpe in un rugginoso baule seppellito da una caterva di inutilizzabili ferraglie. Ci sono anche tre cartucce, il tutto appare in discreto stato di conservazione. L'operazione di caricamento porta via qualcosina piú del necessario, ma d'altronde la sua preparazione, sino a quel momento, è esclusivamente teorica. Ad ogni modo, quando ritorna in strada Ricky è possessore di una pistola Tanfolio del 1916. Un residuato, certo, ma nel suo genere anche un'opera d'arte. E ora il ragazzo va a cercare il destino e i nemici, ormai sicuro della sua scelta. L'impressione di Simona (l'avanzata dei tre, la solitudine dell'eroe) è quanto mai errata, e frutto, certamente, del trasporto amoroso. La verità è che Ricky girovaga una buona mezz'ora finché non gli riesce di intercettare i tre scherani, punta verso di loro, agitando la pistola, e lancia quell'urlo – quello che Simona ha avvertito sentendosi morire dentro – all'esclusivo scopo di sfidare il Canna. Certo, Ricky è a cinque metri dal portone della sua casa. Vi sarebbe tutto il tempo per quella che gli avvocati chiamano una comoda, agevole fuga. Ma non è a questo che pensa Ricky. Il primo colpo è a vuoto, il secondo parte proprio mentre Simona ha raggiunto la strada. Si può dunque dire, praticamente, che lo spettacolo si conclude sotto gli occhi di colei alla quale fu, sin dapprincipio, dedicato.

XVI.

Si guardò intorno, stranito, rendendosi conto che stava continuando a premere il grilletto, ma a vuoto. Si sentivano chiaramente, sullo sfondo, i singhiozzi di

Simona. Gli amici del Canna non li vedeva piú. Con la coda dell'occhio si accorse che quello secco stava furiosamente cercando di avviare il motorino. L'altro, quello grasso, se ne stava sdraiato per terra, in mezzo a due macchine parcheggiate. Si avvicinò al corpo del Canna. I sussulti erano cessati, dalla bocca colava un rivolo di sangue. Si chinò, ispezionando quegli occhi sbarrati, aperti. Fu in quel momento che sentí l'odore: il Mago non gli aveva mentito. Lasciò cadere la pistola e si prese la testa tra le mani: di solito, nei film, è cosí che si fa, dopo aver sparato. Però quel corpo... quello era un morto vero... non gli faceva poi 'sta grande impressione. Gli venne voglia di ridere: al Mago mica gliel'aveva detto che quell'Adelmo lui se l'era inventato di sana pianta. Se n'era accorto? Poco male! Poi gira lo sguardo e lo vede, c'è anche lui, il Mago, non s'è voluto perdere lo spettacolo, ma che brutte visioni scorrono nei suoi occhi esaltati...

Questa storia è ispirata ad un fatto realmente accaduto. Mi piacerebbe concluderla cosí: negli occhi del Mago Ricky legge il suo stesso fallimento, e la delusione inferta al vecchio malavitoso apre finalmente una breccia nella sua incoscienza. Vorrebbe rimediare, ma è troppo tardi. Disperato, corre a rifugiarsi tra le braccia di Simona, e la ragazza lo accoglie, giurando che lo aspetterà per tutta la vita. Ma, credetemi, gli anni passati ad occuparmi dei peggiori delitti hanno fatto di me un inguaribile pessimista. Per questo motivo, il tema del repentino pentimento preferisco lasciarlo agli avvocati di grido e agli psicologi alla moda. Forse Simona non se la sentirà di aspettarlo (sono solidale con lei), forse sarà costretta a farlo in ossequio a una prepotente istanza morale. Questa, in fondo, è una vicenda dai sapori antichi, dove contano l'onore e l'apparenza, e il duello finale puzza pericolosamente di *Cavalleria rusticana*.

Di una cosa però sono certo: qualunque riprovazione abbia voluto esprimere il Mago, la sua occhiata lascia Ricky del tutto indifferente. Io so che, tra i due, il primo ad abbassare lo sguardo è il Mago. E so che il ragazzo sta già pensando al vestito che indosserà davanti ai giudici: dopo tutto, è ancora minorenne.

Dove tutto è cominciato

Mandalo via, ho detto, e lui, fingendosi sorpreso, chi, ha chiesto, te, ho risposto, questo l'ho capito, ha ribattuto, fin qui ci arrivo, siamo tra persone razionali, che diavolo, e allora che aspetti ad andartene, ho insistito, lui ha riso, è che vorrei proprio sapere a chi l'hai chiesto, cosa, cosa ho chiesto a chi, a chi hai chiesto di mandarmi via, come sarebbe a chi l'ho chiesto, perché vedi, ha proseguito lui, logico, qui non c'è proprio nessuno, oltre a me e a te. Ma cosa dici, sai benissimo che non siamo soli. Sí invece, a meno che tu non ti riferisca a... Non pronunciare quel nome, tu non dovrai mai pronunciarlo, sono scattato, lo so, s'è difeso, incoraggiante, ma a te non è vietato, io quel nome non lo dirò mai, va bene, ha concluso, so che non esistono vittorie facili, e d'altronde questa non è una guerra, io sono qui per aiutarti. Siamo stati per un po' in silenzio. Io sul lenzuolo bagnato di sudore, a giocherellare con il flacone e la bottiglia di vino, e lui in equilibrio sulla terza gamba, mentre il pus continuava a colargli dall'occhio e si raccoglieva in una piccola pozza verdastra. Dillo, ha gridato, improvvisamente aggressivo, no, anzi, non dirlo ancora, seguimi. L'ho seguito in terrazzo, hai intenzione di buttarti giú, l'ho provocato, non ci penso proprio, ha precisato, energico, guarda come volo leggero di qua e di là dal davanzale, di qua e di là, e allora sentiamo, perché mi hai portato sin qui. Ha sorriso, orgoglioso del suo abisso sdentato, perché è qui che accadrà, tra, lasciami pensare, perché in queste cose bisogna essere molto precisi, tra diciannove ore. Che cosa accadrà, non dirmi che non lo sai, no che non lo so, andiamo, sono qui per aiutarti, per renderti la vita piú facile, la mia vita non è mai stata facile, ho replicato, questa consapevolezza ti fa onore, ha annuito compiaciuto, e tuttavia sapere non basta, ci sono momenti in cui occorre agire, è facile per uno come te, ho sussurrato, se intendi dire che io sarei un uomo d'azione ti sbagli, io sono, semmai, un uomo d'ispirazione, ammesso poi che tu sia un uomo, bravo, bravo, e ha battuto le mani, gli sono cadute, ti dispiacerebbe raccogliermele, ha pregato, sbrigatela da solo, sono piene di vermi, è per questo che bisognerà agire in fretta, non c'è piú tempo, e quanto ai vermi, non preoccupartene, verranno dopo, adesso li mandiamo via, è cosí semplice, oplà. Sono tornato a letto, dove l'umido e il pus mandavano un odore stagnante, a bere, ma il vino era caldo, e a proposito, ha insistito lui, non hai ancora risposto alla mia domanda. Ho deciso che non gli avrei piú dato ascolto. Ho deciso che avrei dormito. Ti stai ancora difendendo, ha sospirato lui, questa volta con una voce profonda, virile, come se avesse importanza... La sua delusione ha preso un volto d'uomo maturo, persino bello, con la barba ben curata e un'eleganza addolorata. Va' via, è troppo tardi per questi trucchetti. Non è un trucco, non è un trucco, ha detto, e poi s'è svitata la testa e l'ha deposta ai miei piedi. Il rivo verde scorreva come un fiume dalla bocca piegata in una smorfia amara, so di avere anch'io le mie colpe, ha aggiunto, ma in fondo non sarei qui se tu non mi avessi chiamato, e, coraggio, figliolo, rispondi alla mia domanda, chi? Chi cosa? Chi, a chi hai chiesto di mandarmi via? Lo sai, che senso ha chiederlo, fa parte di una specie di rituale, ha spiegato, calmo, rimettendo la testa al suo posto, ora rosso e luminoso, mentre sul naso gli crescevano escrescenze che scoppiettavano in mille puntolini biancastri, io devo chiedere e tu devi rispondere, ma cercherò di venirti incontro, tu potrai limitarti ad annuire, penserò io a tutto, e poi, ho chiesto, poi cosa, che ne sarà di me, poi io mi rivelerò e tutto tornerà al suo posto, come in un mondo perfetto. Che cos'è un mondo perfetto? Un mondo che non hai mai conosciuto, ma ti assicuro che sarà bellissimo. Un mondo cosí non esiste. E chi l'ha detto, ha ruggito, offeso, bolla gigantesca di carne purulenta, solo perché nessuno ha mai saputo parlartene ti ritieni in dovere di dubitare? Io non dubito, ho solo sonno, e voglio che tu te ne vada, il mondo perfetto è il mondo che comincia dopo, ha mormorato, paziente, il mondo perfetto non ha bisogno del moto, il mondo perfetto non conosce il dolore e... a questo punto s'è steso accanto a me e mi ha stretto forte forte, ha insinuato la sua lingua rasposa nel mio orecchio, il mondo perfetto cancellerà la tua paura di perderla, baciami, l'ho baciato, dillo adesso, dimmi a chi hai chiesto di mandarmi via, a lei, ho singhiozzato, l'ho chiesto a lei che dorme nell'altra stanza, chi è lei, è mia madre, ho pianto, ti capisco, figliolo, ha sentenziato, grave, carezzandomi i capelli, ma tu sai bene che è la risposta sbagliata, sí lo so, ho ammesso, è una partita che riguarda te, e te solo, so anche questo, bene, allora ogni cosa è decisa, io sarò al tuo fianco sino alla fine e anche oltre, non ti abbandonerò, grazie, grazie, ho detto, e avrei voluto baciargli le mani, ma ormai il cancro di mia madre era un nero, vuoto liquido pulsante. Avevi detto che non mi avresti mai abbandonato, ho protestato, cosa credi, ha gorgogliato, infastidito, ho anch'io diritto al mio riposo.

Svegliati, dormiglione, la sua voce secca, arrochita da anni di fumo, senza aprire gli occhi posso vedere il naso arricciato, nemmeno con la finestra spalancata si riescono a cancellare gli odori della notte, ma lui è stato qui, e lei non può saperlo. Sbrigati in bagno, Pino passa a prenderci alle dieci, sono già le nove passate, io non vengo, mamma. Il suo silenzio, non troppo perplesso. È abituata a questo genere di impennate. Ne hai prese sei, ieri notte. Non riuscivo a dormire. E adesso? Adesso ho sonno, lasciami stare. Sei, tutte in una volta. E la bottiglia è vuota. È la risposta sbagliata, mamma. Che cosa vuoi dire? Niente. Come stai stamattina? I dolori vanno un po' meglio, grazie, ma quest'umidità mi fa impazzire... Va e viene, risciaqua, rigoverna, prepara il caffè, sa che io detesto il caffè, il caffè dovrebbe svegliarmi, io non voglio essere svegliato, poi sparisce in camera da letto, è l'ora delle iniezioni, due in una, un farmaco specifico e un antidolorifico, fa tutto da sola, una volta, all'inizio della ricaduta, ho provato ad aiutarla, Cristo santo, ha protestato lei, è una puntura, mica una pugnalata, abbiamo lasciato perdere di comune accordo. Nella stanza c'è un caldo atroce. Vado in bagno, lui è già là, srotola un arnese mostruoso e bitorzoluto, è soddisfatto, gonfio, livido e puzzolente, ma soddisfatto, fa' pure come se non ci fossi, incoraggia. Nello stipetto di sinistra c'è ancora un flacone pieno, conto quindici compresse e ne dispongo sette sulla punta della lingua. Non ho pensato a portarmi il vino, devo arrangiarmi con l'acqua di colonia. È un sapore dolciastro e fastidioso, ma lo stimolo raggiunge comunque lo stomaco. Va tutto bene, ragazzo, dice lui, e aggiunge qualcosa a proposito della cucina. Ma non lo sto a sentire, e me ne torno a letto, ho voglia di una birra ghiacciata. Lei ha acceso il televisore, scampanío, la voce del Signore, la voce del prete: qualcosa a proposito del dovere di occuparsi di coloro che soffrono. Anche e soprattutto nel dí di festa. Sei ancora in pigiama, Pino sarà qui a momenti, ho detto che non vengo, mamma, vacci tu, e chi ti cucinerà, andrò a comprare qualcosa al bar, ma quale bar, oggi è Ferragosto, l'hai dimenticato, tutto chiuso in città, forse al centro, e come ci arriverai, lasciami le chiavi della macchina, ma se non guidi da mesi, non ho dimenticato come si fa, sorrido, è il primo sorriso che le rivolgo da settimane, chissà se lo avrà notato, l'ultima volta che l'hai presa sei finito contro un muretto, e i vigili volevano arrestarti per quella robaccia che tieni nel portabagagli, non volevo portarla a casa, non ha notato il sorriso che continuo a dedicare a lei, a lei sola, davvero, mamma, va' pure, fidati di me, ma prima portami una birra ghiacciata, ti prego. Che scherzi sono questi, non ti avevo sentito arrivare, mi giustifico, sibila come un serpente, mentre mi striscia accanto perde squame luccicanti, sembrava un'armatura e sotto ha piaghe infette, non erano questi gli accordi, ma che cosa ho fatto, in fondo, mi difendo, le ho chiesto di farsi in pace la sua gita di ferragosto, vuoi davvero che vada? Certo, anche lei ha diritto ad essere felice, tu non sai nemmeno che cosa sia la felicità, questo non puoi dirlo. Ora che è nuovamente l'uomo serio con la barba curata annuisce compreso, paterno, riesci a ricordare un momento di perfetta felicità, mi sfida, la campagna, rispondo di getto, quell'estate sotto i pini, la mattina andavamo al mare, io ero un ragazzino minuto e malaticcio, mi prendevano in giro perché non sapevo tuffarmi dallo scoglio e non avevo ancora imparato a nuotare, e se vedevo una vespa correvo a rifugiarmi in cabina per paura di essere punto, ma non me ne importava niente, perché lei... lei, suggerisce, e ha acceso una lunga pipa con fare meditabondo, lei era completamente tua... sí, è proprio cosí, completamente, assolutamente mia... non fu quell'estate, insinua, mellifluo, che perdesti l'occhio? Fu una disgrazia, una corsa improvvisa, la caduta, il ramo sporgente, già, già, annuisce, avvolto negli sbuffi del fumo, la corsa in ospedale, lei in lacrime, i medici che allargavano le braccia, ma almeno quello destro è salvo, signora... non fu allora che cominciò a perdere di peso, non fu allora che cominciò la tosse? Che cosa vuoi dire, era preoccupata per me, io sono l'unica cosa che le sia stata data in tutta la sua vita, balle, urla, e non riesco a contare quanti occhi fiammeggino, e quante braccia si agitino e quanti vermi sguscino via da quante orecchie, la vita non dà e non prende, al massimo si potrà dire che qualcuno, o qualcosa, è stato «assegnato» a qualcuno o a qualcos'altro, non ti seguo, balbetto, ma mi sento già insicuro, e ora ho freddo, sudo e ho freddo, non importa, commenta, rimettendosi a posto le squame, suonano al citofono. No,

facciamo un'altra volta, sí, lo so che non dovrei farmi condizionare, ma che ti devo dire, sta cosí male,
ogni volta che entro nella sua stanza è un colpo al cuore, capisco che lo sta mandando via, che non mi la-
scerà solo, e grido, grido con quanto fiato ho in corpo: – Mamma, devi andare, vattene a fare la tua maledetta gita di ferragosto, non ti voglio tra i piedi, va'
via, non devi restare con me oggi, vattene, se mi ami
vattene, – ma dalla mia bocca non esce nemmeno un
suono, e l'uomo con la barba curata indossa un frac e
agita la bacchetta come un direttore d'orchestra, quando lei ritorna nella stanza, accigliata, le dico grazie, e
lei va via, scuotendo la testa, assegnare vuol dire affi-
dare un compito, ovvero impartire un ordine, martel-
la implacabile, e come ho cercato di farti capire, non si
può sfuggire a queste forme di assegnazione, vuoi dire
che a lei e a me è stata assegnata l'infelicità, mettila come ti pare, questa è la realtà delle cose, e che cosa sarebbe successo se lei fosse andata, probabilmente niente, probabilmente tutto, argomenta sibillino, e infine,
improvvisamente di malumore, si stacca un braccio e
lo scaraventa contro una brutta statuina cinese che fa
bella mostra di sé su un vecchio mobile anni Cinquanta, comunque mi stai rendendo le cose difficili, e quel
che è peggio le stai rendendo difficili a te stesso, cos'è
successo, il rumore l'ha fatta accorrere, ti sei deciso ad
alzarti, finalmente, ma guarda, sei stato tu a rompere
la statuina, mamma, non l'ho mai potuta soffrire, nemmeno io, ma dopo tutto era un ricordo, di lui, azzardo,
lo sai che non mi piace parlare di questo argomento, e
va ancora via, ha dimenticato la birra ghiacciata o forse pensa che potrei farne a meno. Credo di assomi-
gliargli, dico, sovrappensiero, e lui, di rimando, rin-
secchito, ansimante, un tronco con la testa a pera, la
vocina stridula, somigliava a me, se ci tieni a saperlo,
e non è stata una grande perdita, in un mondo perfetto non se la sarebbe squagliata dopo due mesi, tua madre era una gran bella donna, dopo tutto, tu quel nome non dovresti... va bene, va bene, c'è stato un erro-

re, ma adesso non mettiamoci a discutere, vestiti, si va
a fare due passi.

È grazie ai suoi consigli che riesco ad arrivare in centro senza incidenti. Sul lungotevere mi accorgo di non
avere le monetine per il parchimetro, mi prende un attacco di panico, lui, comprensivo, mi mostra la scritta
in quattro lingue, già, nei giorni di festa non si paga,
almeno questo, ma per rimettermi ho bisogno di un'altra mezza dozzina di pillole, e d'improvviso mi viene
in mente che poi la birra ghiacciata non l'ho bevuta, e
grido, dov'è un bar, ho bisogno di bere, devo bere, lui
è scomparso, guardo meglio, sta nel rigagnolo giallo accanto al vespasiano, liquefatto si trascina via il flacone, il tappo si mette di traverso nel canale di scolo,
ostruendolo, il livello del liquido sale, sale vertiginosa-
mente, mi guardo ancora intorno. Nessuno, non una
macchina, un turista, un cane, un torpedone, abbasso
lo sguardo, ho gli stivali a metà nel liquido che sale, la
merda straripa, presto valicherà gli argini del fiume,
già i gabbiani gridano l'allarme, dove sei, urlo, disperato, buttati dentro, risponde la sua voce, capisco che
devo recuperare il tappo e mi rimbocco le maniche.
Un'altra visione, figliolo? Dovresti andarci piano con
questa roba, l'uomo con la barba scuote la testa, sinceramente partecipe, non sono affari tuoi, reagisco,
com'è che si chiama? Cardiazol, uuh, lo sai che c'è dentro un oppiaceo, dovresti davvero andarci piano, c'è
qualcosa di sgradevole nel modo in cui ha sottolineato
quel «davvero», ma intanto la sua presenza mi rassicura, e non c'è piú tutta quella merda. Il caffè è fresco
ma la musica rimbomba, ta-da-dà ta-da-dà, ai miei tempi, sentenzia, gonfio come un tenore sul palco, titil-
lando il papillon, sentivamo di meglio, è stato qui, escla-
mo, all'improvviso, in-te-res-san-te!, sentenzia, e rivolto al barman di colore ordina imperioso due gin and
tonic, per me vino bianco, pigolo, una bottiglia, e perché non un bottiglione, fa lui, sarcastico, ma intanto
c'è un tavolino libero, sono tutti liberi, puntualizza,

ma il vino è freddo e quando scende fa bene all'anima.
È un attimo, un palpito, avverto la sua assenza, con la
coda dell'occhio lo sorprendo intento a ripiegare un'ap-
pendice puntuta, forse un corno d'osso, dalla bocca
butta fuoco e presto è una macchia tremolante contro-
sole. Sí, è stato qui. Avevo tredici anni, forse quattordici, ma potevano anche essere dodici, quel che conta
è che cominciavo a capire, forse non tutti i particolari,
ma l'insieme sí. Seguirla era stato facile, non sospetta-
va, e se non l'avessi seguita non l'avrei mai visto, chi,
fa il barman di colore, ma un colore smorto, un bianco malato con puntolini neri che vanno e vengono vanno e vengono, mio padre, sospiro. Com'era, chi, tuo
padre, alto, distinto, con la barba ben curata, un borghese, il barman sputa per terra, non so, credo, non ho
mai nemmeno saputo il suo nome, potevi fare qualche
indagine, lei non avrebbe gradito, e perché, perché non
voleva piú vederlo, e tu, invece, io ero curioso, ecco
tutto. Come hai fatto a non farti scoprire, da chi, da
lei, forse in quei giorni ero invisibile, il barman ride,
tricolore come un semaforo, in fondo non ti manca il
senso dell'umorismo, lui voleva tornare, perché, era
stato in viaggio, non lo so, qualcosa di peggio, forse,
osserva, meditabondo, tipo qualche annetto di galera,
ma cosa dici, era una brava persona, e allora perché,
perché, perché, avevo un'altra famiglia, tutto qui. Il
tronco ha la testa a pera tra le mani, ti sarebbe piaciuto che fosse stato quell'altro, quello distinto e pulito,
invece, come vedi, sono io, ma in fondo, aspetto a parte, non sono peggio di quell'altro, so certe cose di lui...
aveva famiglia, dice, troppo facile, si hanno anche dei
doveri a questo mondo, interviene il barman, sostenu-
to. Lei non s'immischi, protesto, ma no, lascialo dire,
fa mio padre, con la vocina fastidiosa, e agitando un
ditino rachitico, se anche, precisa, fossi riuscito a con-
vincere lei, se anche, TU non mi avresti nemmeno voluto tra i piedi, non sai quello che dici, sapessi le notti
che ho pianto perché tu non c'eri. Quanto a questo, figliolo, nulla è paragonabile alla mia sofferenza, al tuo

sorriso bambino che m'è mancato, alla perdita del non averti visto crescere, muovere i primi passi, imparare dalla mia esperienza, capirai, fischietta il barman, sí, signor mio, esperienza, dov'eri quando sognavo i fantasmi, e mi sembrava che l'oscurità si popolasse di ombre e invocavo il tuo nome, silenziosamente, a quell'epoca, fammici pensare, io ho viaggiato cosí tanto, potrebbe essere stata l'America, o forse la Germania, com'è l'America, chiede il barman, improvvisamente incuriosito, un mito, si gonfia mio padre, sarà, dice l'altro, ma niente a che vedere con l'Egitto, parla cosí perché ci è nato, come fa a saperlo, intuito, inorgoglisce la testa a pera, ho ben detto di aver molto viaggiato. Padre, invoco, padre, dov'erano le tue collere e i tuoi rimproveri, dov'era la tua forza fisica, perché non mi hai insegnato a farla contro un muretto e a sorridere alle ragazze, l'America, grande paese, ma, intendiamoci, a patto di lavorar sodo e di non rompere i coglioni, padre, e tu hai viaggiato, ragazzo, mai messo piede fuori dall'Italia, e che cosa aspetti, l'Italia, cosí provinciale, e razzista, aggiunge il barman, portami con te, mormoro, cosa, portami con te, chi, tu, io cosa, tu portami con te, padre, tu mi stai chiedendo, di portarmi via con te, padre. Devo averlo colpito, perché si divide in due, e mentre la parte inferiore del tronco se ne va per i fatti suoi, la testa e il busto si torcono in uno spasimo orrendo, sta friggendo, penso, e non è una metafora, si sente persino l'odore della padella unta, poi si fa tutto rosso e vibra, mi hai colpito, confessa, la mia terza gamba, la mia povera terza gamba e il mio occhio, il mio occhio vuoto, questo è molto peggio di una chemio, questo è un colpo basso, prendimi con te, insisto, basta, non ce la faccio piú, devo andarmene da qui, sí, bravo, vattene, e non tornare, non mi hai detto altro che un mucchio di stronzate. È strana questa fresca, sottile e sensibile lucidità che mi sta invadendo. Davvero tutto ha ripreso il proprio posto in una specie di piccolo mondo perfetto: il bottiglione semipieno, il ronzio del condizionatore, i bicchieri ben al-

lineati alle spalle del barman, il ticchettio del registratore di cassa, l'occhiata furtiva di un vagabondo dietro
la vetrina a specchio, l'ululato della sirena di una volante della polizia. Ora che te ne sei andato, e sono tornato padrone di me stesso, come non mi accadeva da
anni, capisco che non sei stato tu a trascinarmi qui, ti
ci ho portato io, per liberarmi di te, e voglio dirti un'altra cosa ancora, da questo preciso momento ho chiuso
con le pillole e con il vino, domani stesso mi cerco un
lavoro, ma perché aspettare domani, adesso esco da
qui, torno a casa con le mie gambe, cucinerò io per lei
e faremo insieme la nostra piccola festa di ferragosto,
oggi pomeriggio la porterò al cinema, voglio un locale
con l'aria condizionata e le poltrone di velluto, e stasera a cena fuori, sarò in giacca e cravatta, ma prima
voglio farmi un bagno profumato, sei senza parole, vero, non te l'aspettavi, e adesso va' a rantolare da qualche altra parte, da qualche altra parte «assegnata», e
muori, muori per sempre... Qualcosa che non va, signore, va tutto benissimo, mi sono appena liberato, il
barman risponde al mio sorriso presentandomi lo scon-
trino fiscale, lascio una mancia esagerata e vado via inseguito da un muto attestato di riconoscenza, è piacevole donare una buona impressione di sé, sono già al
volante quando avverto una piccola fitta di delusione,
è scomparso cosí all'improvviso, non ha voluto darmi
la soddisfazione di vederlo agonizzare, ma chi se ne frega di questa piccola ombra, tornerò a casa e lei sarà gua-
rita, e la paura cancellata per sempre. Picchiettano al
finestrino, sei ancora qui, sogghigno, sicuro di me, levati di torno o ti metto sotto, ma non c'è nessuno, eppure giurerei di aver sentito qualcuno ridere, una bella risata piena, di gola, forse una donna che ha appena
fatto l'amore, forse uno scherzo del martin pescatore
che si guarda intorno e poi si tuffa nel fiume.

Sono appena rientrato, la casa non mi è mai sembrata cosí luminosa, chissà lei come ha fatto a procu-
rarsi le aragoste, forse erano precotte, o surgelate, de-

vo comunicarle che mi sono liberato, ma lei mi precede, rispondi al telefono, almeno, non vedi che io ho da
fare, e se è zio Carlo digli che lo richiamerò appena posso, devono essere quasi le due, c'è un buon profumo di
sugo, e zio Carlo insiste perché gliela passi. Cerco di
trasmettere la mia immensa felicità a zio Carlo, ma lui
non capisce, è tutto pragmatismo e concretezza, perché non siete venuti con Pino, non era possibile, la
mamma non si sentiva bene, e tu come ti senti, ma se
non cerco di dire altro, libero, felice, leggero, chissà
che razza di messaggio filtra dall'altra parte, sai dirmi
che giorno è oggi, ma zio Carlo stai perdendo la testa,
certo che lo so che giorno è oggi, è ferragosto. Lei mi
strappa la cornetta e si mette quasi a piangere, è davvero cosí invisibile la mia nuova condizione, vado a
piazzarmi davanti alla tv, ma tengo il volume volutamente basso, per catturare brandelli di conversazione,
che cosa devo fare, no, un ricovero è fuori discussione, come potrebbero aiutarlo in un ospedale, o in un
manicomio, e poi non ci sono piú i manicomi, sí, ma
non è incomprensibile, troppa intelligenza, ricordi il
test dalla psicologa, un ragazzo di intelligenza superiore
alla media, che cosa vuol dire finire cosí, è la sensibilità che l'ha fregato, e poi la malattia, ma sono cose che
sappiamo, quante volte ce le siamo dette, si vede che
era destino, no, io non sono uscita, non mi fido a lasciarlo solo, no, lui non si è mosso da casa tutta la mattina, dormiva, forse sognava, tu, piuttosto, perché non
passate nel pomeriggio, tu e Adriana, ah, capisco, la fi-
danzatina di Alessio, certo, certo, no, io sto bene, cosa vuoi che ti dica, povero ragazzo, prima o poi anche
lui troverà la sua strada...

Presto, molto presto, mio giovane soldato, esclama
il generale con l'uncino al posto del braccio sinistro e
la benda sull'occhio, noi guerci, ammicca, complice,
fraterno, abbiamo una sensibilità particolare, e comunque sei avvertito: ti tengo d'occhio, buona questa,
eh? Si fa d'improvviso serio, un altro scherzetto come
quello del bar potrebbe costarti caro, c'eri quasi riu-

scito, ma ricordati che per i disertori c'è la fucilazione
alla schiena, ammesso che riusciate a riprenderli, dico,
lui si scosta la benda dall'occhio e rivela il corno d'osso, ma è un artiglio d'acciaio che mi squarcia una guancia, sotto l'occhio sano, tu non sei mai uscito dal controllo, ti sei solo illuso, no, io sono libero, non sento
nemmeno il dolore, è un effetto tipico, dipende dalla
battaglia, qualcosa che ha che vedere con la superpro-
duzione di adrenalina, sparisci, ehi, ragazzo, intendiamoci, qui c'è uno solo che ha il potere di dare ordini,
appunto, confermo, imperturbabile, io, hai perso, riti-
rati. Ma guarda come ti sei combinato, devo essere caduto, prima, e ho sbattuto contro uno spigolo. Questo
è un taglio bello e buono, altro che spigolo, hai traffi-
cato con le aragoste, lascia perdere, mamma, basterà
un po' di disinfettante, quante altre di quelle maledet-
te pillole hai preso, ma nessuna, e intanto mi lascio portare in bagno, lei maneggia il mercurocromo e mi to-
glie qualche scheggetta dalla ferita, brucia, non tanto,
tieni l'ovatta, e aspetta, che ti metto un cerotto. Piange, silenziosamente, il respiro affannato, una smorfia
di sofferenza sul volto segnato. Vado a stendermi qualche minuto, ogni piccolo sforzo l'allontana un po' di
più da me, sono tornati i dolori, le dico, è solo un po'
d'affaticamento, se ne sta andando, se ne sta andando,
grida il tronco dalla testa a pera, bisogna far presto,
non c'è un minuto da perdere, la cucina, ricorda quello che ti ho detto della cucina, non ricordo, ma come
non ricordi, muoviti, non c'è tempo, non c'è tempo,
avevi detto diciannove ore, insorgo, l'uomo con la barba ben curata annuisce, non c'è niente di più deside-
rabile a questo mondo della precisione, bravo, mi complimento. Vai via, troppo tardi, hai accettato il dialogo, è stato solo un attimo di smarrimento, troppo tardi,
ormai sei sceso a patti, d'altronde, che cosa speravi di
ottenere, sono libero, maledizione, nessuno lo è mai,
ma guarda, abbiamo anche un cancro filosofo in pillole, proprio tu parli di pillole. Potresti lasciarmi solo per
qualche minuto? Le buone maniere lo hanno colto di

sorpresa, non può far altro che ritirarsi borbottando una specie di scusa. Corro in cucina, preparo le arago- ste, dal frigo prendo una bottiglia d'acqua frizzante, dispongo il tutto su un vassoio e la raggiungo in ca- mera da letto, mamma, dico piano, mamma, buon fer- ragosto. Mangiamo in silenzio, ma i suoi occhi ridono, mi vede bere solo acqua, faccio fatica a mandar giú i bocconi, ma resisto finché i piatti non sono vuoti. Ave- vi quattro anni e un coccodrillo di gomma, Dio come ci eri affezionato, un giorno qualcuno lo lanciò in alto, planò giusto all'incrocio di due rami di pino e non c'era modo di farlo scendere, troppo alto per una scala, trop- po ben incastrato per tirarci una pietra. Ne facesti una malattia, per me era diventata una persecuzione, ri- cordo, mamma, mi comperasti un altro coccodrillo, ma non bastava, no, non bastava, ma era tutto quello che potevi fare, perché ci siamo ridotti a questo, ti giuro che cambierà tutto, vorrei che fosse vero, te lo giuro, quante altre volte l'hai giurato, questa è la volta buo- na, vorrei poterti credere, fa' un piccolo sforzo, ma sí, sí, ti credo, e ora lasciami dormire. Riporto il tutto in cucina, gli avanzi delle aragoste si ricompongono, le be- stie mi guardano con i loro occhietti cattivi, non ti ar- rendi mai, tu, sbotto, sei un avversario degno di ri- spetto, replicano, e vedo le zampe scattare, sono gli ar- tigli gemelli di quello che m'ha ferito prima, due, tre colpi, lame taglienti, e ancora non sento il dolore, ehi, ehi, di qua, da questa parte, nello specchio, la tregua è finita, lui è un grande coccodrillo verde e giallo, ha un ghigno eloquente e le lacrime agli occhi, con una zam- pa agita una bottiglia di vino rosso, nell'altra ha una chiave, lo sai, vero, cosa si apre con questa chiave. Pri- ma di rassegnarmi bevo il vino, poi afferro la chiave, c'è una scansia nello studiolo, sotto i miei libri, due, tre flaconi, inghiotto una manciata di pillole, le pareti mi si precipitano addosso, questa stanza si sta strin- gendo, mi sento soffocare, erano scadute, scadute, me- dicinali avariati, scandisce il tronco con la testa a pe- ra, ha un megafono, tutto mi gira intorno, crollo, stai bene, mormora la mamma, allarmata, benissimo, risponde la sua voce pacata, e poi l'uomo con la barba ben curata mi solleva la testa e mi bacia delicatamente sull'orecchio, coraggio, coraggio, andrà tutto benissimo, noi abbiamo fiducia in te.

Guardalo come dorme, sembra un bambino, sospira il coccodrillo, sentitelo, il sentimentale, lo rimbecca testa-a-pera, stridulo e chioccio come uno sputo, a quando le lacrime, ma vi sembra il momento, l'uomo con la barba ben curata, calmo e sereno, ha il piglio del capo, un giorno o l'altro mi servirai da colazione, minaccia il coccodrillo, provaci, ghigna testa-a-pera, ti aprirò quella pancia molliccia dall'interno, finitela, ordina a bassa voce, ma seccamente, l'uomo con la barba, va bene va bene, ma in fondo, osserva asciutto il generale guercio, un po' di tensione tra i combattenti aiuta la battaglia, nessuno ha un po' di collirio, implora quello con le tre gambe, quest'occhio mi dà un certo fastidio, cavatelo, suggerisce testa-a-pera, mi sembra una buona idea, tre-gambe esegue. Sono stanco di queste scaramucce, e questa è l'ultima volta che si lavora insieme, l'uomo con la barba ha sulle spalle incurvate, nell'occhio pesante il fardello di una sofferenza infinita, lo sai bene che non dipende da noi, si difende tre-gambe, e poi non si può fare di ogni erba un fascio, se c'è qualcuno che disturba sono quegli altri due. Perfettamente d'accordo, annuisce il generale, certi rompiscatole farebbero bene a restarsene imboscati nei loro reparti di retrovia, è per via dell'amore e dell'infanzia che siamo qui, puntualizza testa-a-pera, apertamente scostante, ci sono direttive inequivocabili in materia, aggiunge il coccodrillo, circa la provenienza, voglio dire, e quanto a te, fa testa-a-pera, ficcando l'indice nel petto incavato del generale guercio, smettila di darti tutte queste arie, oggi indossi una divisa, quando ci siamo conosciuti eri solo un pirata, ma quello non era che uno stupido libro, il generale vuole avere a tutti i costi l'ultima parola, ma è vinto, e se non vinto, colpito, credo che vi siate sfogati abbastanza, conclude l'uomo con la barba. Sia chiara una cosa, insorge tre-gambe, noi non prendiamo ordini da te, siamo tutti pari grado, già, conferma il generale, perché se fosse una questione di grado, a quest'ora, s'intende che non è questione di supremazia, ribatte l'uomo con la barba, e allora cosa, di che cosa si tratta, l'uomo con la barba tira fuori una lunga pipa ricurva e una borsa di tabacco, carica lentamente il fornello, accende con un fiammifero familiare. Non sapevo che avessi il vizio del fumo, fa testa-a-pera, il fumo fa male, ammonisce tre-gambe, fa venire il cancro, sghignazza testa-a-pera, il coccodrillo è il primo a capire la battuta, la sua risata è come un nitrito equivoco, contagioso, ridono tutti, l'intendenza segue sempre, non l'uomo con la barba, tutto ciò che sembra disposto a concedere è un sorrisetto di rassegnazione, se lui volesse, sibila, attraversando con uno sguardo indecifrabile il corpo disteso, piú precisamente accartocciato, sul pavimento, se lui potesse, sospira. Tre-gambe restituisce alla sua orbita l'occhio lipposo, il generale tossicchia con simulata dignità, il coccodrillo reprime l'ultimo accesso d'ilarità, nessuno vuole, nessuno può, c'è una nota amara nel commento di testa-a-pera, sst, fa l'uomo con la barba, riuscite a sentirlo, e tutti si accostano al ragazzo, il coccodrillo annuisce, tutti vogliono e ciascuno può, ma l'uomo con la barba l'ha detto a voce bassissima, solo per se stesso. Io non sento niente, dice il generale, nemmeno io, questo è tre-gambe, imbarazzato dalla sua inadeguatezza, finché è questione di effetti speciali, nessuno se la cava meglio di me, ma con queste sottigliezze mi trovo a disagio, scusatemi, allora sarebbe meglio farsi in disparte, per non cancellare le tracce del sentiero, suggerisce dolcemente l'uomo con la barba, che sentiero, s'informa sospettoso il generale, c'è sempre un sentiero, spiega paziente l'uomo con la barba, ah, sí, e dove porta, a una deviazione, credo, c'è sempre una deviazione, il nostro compito è di rintracciarla. Che idiota, testa-a-pera ringhia, occhi pic-

cini, bava alla bocca, che lurido ipocrita, ogni volta la
stessa solfa, ma lui, il generale ha ascoltato, fa parte dei
suoi compiti, o forse della sua natura, e giustifica, lui
stava solo esprimendo un giusto concetto militare, e
quale sarebbe, incalza testa-a-pera, il generale è quasi
offeso, credo che intendesse dire che occorre sempre
tracciare una rotta, non si tratta di questo, e ora il sorriso dell'uomo con la barba è addirittura soave, si deve cominciare da una stanza deserta e da un bambino
piccolo e offeso. Non è molto originale, commenta tre-
gambe, piccolo e offeso e solo, sarà l'aria ispirata dell'uomo con la barba ad averli contagiati, tutti l'ascoltano
attenti, tranne testa-a-pera, lui fissa un punto nel vuoto e c'è da chiedersi quando la sua pazienza si esaurirà.
Si devono immaginare caseggiati conformi, badate bene, non popolari, o monotoni, e men che meno estrosi,
ma conformi, a che conformi, chiede qualcuno, conformi, una casa come tante, insomma, razionalizza il coccodrillo, sí, ma bisogna esserci dentro, annusare il velo
della polvere su ogni singola suppellettile, che non ci sia
troppo d'antico, per via della tradizione, va accuratamente evitata la tradizione, né troppo di moderno, per
via dell'eccentricità, si deve evitare accuratamente ogni
eccentricità, e lui è solo. Dovete pensare che non c'è
povertà non c'è ricchezza, per la semplice ragione che
non si tratta di alibi sociali o di classe, ma lui è solo. E
a cos'altro, cos'altro, domandano avidi tutti, meno testa-a-pera, che ha il capo reclinato e gli occhi chiusi,
come seguisse le frequenze di una musica a lui solo con-
cessa. Pomeriggi di brume, pioggia, interni circoscrit-
ti da muraglie di altri esseri umani, o una luminosità
eccessiva, vacanze in stabilimenti sovraffollati con zii
premurosi, gare di resistenza tra adolescenti, egli è solo, egli è l'ultimo, bagni di mezzanotte, no, grazie, non
ho il costume, farsi un fuoco di sterpaglie sotto le stelle cadenti della notte di San Lorenzo, gli altri, s'intende, egli è solo, ha lei, uno scampanío lontano, vestiti piú che dignitosi, persino eleganti, ridotti in brandelli, egli è solo, sogni, bisogna immaginare sogni. Non

riesco a seguirti, tre-gambe è seccato, oltretutto in questo stadio dell'operazione è improprio parlare di sogno,
cercate di entrarci, e stanzette di bimbi, quasi urla l'uomo con la barba, intelligenze eccezionali compresse
dall'«assegnazione». Che intendi dire, il generale col-
tiva un sospetto, rimarcavo una circostanza nota a tutti, il ragazzo è dotato di intelligenza fuori dal comune,
tu ti esprimi troppo per metafore, e le metafore sono
altamente sospette, cercherò di chiarire, generale. Voglio individuare, con l'aiuto di tutti, il punto esatto in
cui il sentiero si è biforcato, e il ragazzo ha imboccata
la deviazione che l'avrebbe condotto da noi, vorrei essere informato sulle motivazioni di questa ricerca, il generale non è tipo da arrendersi facilmente, non c'è uno
scopo, lo rassicura l'uomo con la barba, se non quello
di conoscere, l'unica conoscenza che ammetto è quella finalizzata alla decisione, e qui, come tu sai, le deci-
sioni sono già state prese una volta per tutte, diciamo
allora, sorride l'uomo con la barba, che il mio è un interesse da studioso, sarà, ma la cosa mi lascia comunque perplesso. Dimmi chi ti ha fatto del male, piccino
mio, declama in falsetto il coccodrillo, lo squarcerò con
le mie potenti mandibole, non è il momento di scherzare, ammonisce il generale, ma io dicevo sul serio, protesta il coccodrillo, o meglio, è stata proprio questa la
frase che pronunciai, quel pomeriggio. Sento che ci av-
viciniamo al sentiero, l'uomo con la barba è acceso in
volto, saetta sguardi di fulmine, come fai a sapere che
era di pomeriggio, domanda acido il generale, e non di
notte, osserva tre-gambe, la chiamata arrivò alle quindici esatte, ribatte il coccodrillo, le tre sono l'ora morta di certe infanzie solitarie, e poi non sono che dettagli. Qualcuno lo ha picchiato, decide il generale, o sono stati insulti, azzarda tre-gambe, siamo vicini,
vicinissimi, sussurra, sempre dolce, l'uomo con la barba, ma potremmo perderlo, dobbiamo immaginare, immaginare. Immaginate sette otto ragazzi, piú grandi-
celli, c'era un angolo riparato nella scuola, l'hanno portato lí e circondato, i forzuti menavano, e l'intellettuale

della compagnia lo ha messo al corrente della sua condizione di invalido senza padre, precisando che sua...
lei, ammalata noi sappiamo di cosa, sarebbe di lí a poco morta lasciandolo del tutto privo di assistenza. Hai
un modo di dire le cose, s'inalbera il generale, disgu-
stato, per la precisione, dissero lei è morta stamattina
e tra un'ora verranno a prenderti le infermiere e ti por-
teranno in prigione. Cosí si giustifica la chiamata, osserva il coccodrillo, e tu che facesti, chiede tre-gambe,
che non la smette di giocherellare con l'occhio fila-
mentoso, andai a sdraiarmi accanto a lui e ci tenemmo
compagnia fino a sera. Avrebbe dovuto andare da quei
bruti e massacrarli uno alla volta, sentenzia il generale. E come avrebbe potuto, solo contro tanti, io avrei
cominciato dall'intellettuale, insiste il generale, gli intellettuali sono vigliacchi, io diffido degli intellettuali.
La notte si alzò, riprende il coccodrillo, io c'ero, dovete fidarvi della mia memoria, e scivolò nel letto della... di lei, non lascerò che ti facciano del male, mai,
giurò, non posso sopportare l'idea che tu soffra, magari, ridacchia sarcastico tre-gambe, la *consecutio* non
era cosí elegante, ma hai reso ugualmente l'idea. Sí,
questo è quanto, sospira, infine esausto, l'uomo con la
barba. Insomma, povero piccolo, sogghigna testa-a-pera, riaprendo gli occhi, ehi, barba, si direbbe che tu sia
commosso, non faccio fatica ad ammetterlo, lo sono,
gli piacerebbe che la missione fallisse, spiega testa-a-
pera, peggio, molto peggio, sentenzia il generale, qui si
mettono in discussione i fondamenti dell'assegnazione, non esageriamo, dice l'uomo con la barba, m'inte-
ressava solo individuare la deviazione. Questa sovver-
sione dovrà essere immediatamente sanzionata, il generale ha impugnato l'artiglio e se non fosse per il colpo
di coda del coccodrillo, l'uomo con la barba sarebbe
inesorabilmente spazzato via. Se tu esagerassi, io ti
adorerei come una divinità, e queste parole di testa-a-
pera suonano tanto di sarcasmo che di rammarico, l'uomo con la barba è sorpreso, forse ti avevo giudicato
male, mormora, forse tu... Insomma, basta con queste

chiacchiere, il generale s'è scrollato di dosso il coccodrillo, e ora avanza minaccioso, va' a farti un giretto
con i tuoi zuavi, vecchio babbeo, testa-a-pera manipo-
la l'aria con un gesto che è solo apparenza e nello spazio non restano che lui e l'uomo con la barba. Il fatto
è che non esiste nessun sentiero, e non c'è nessuna deviazione, e la lunga via maestra conduce ad un'unica
destinazione, conosco la canzone, mormora stanca-
mente l'uomo con la barba, e ho smesso di crederci da
tanto, questa è la menzogna, ed è qui che si dimostra
la tua miseria. Perché offendere, quando potremmo essere alleati, l'uomo con la barba tende una mano al suo
compagno, proprio perché non è ammesso esagerare
noi due non saremo mai alleati, e questa volta la voce
di testa-a-pera è gelo. Mi piacerebbe che la missione
andasse male, dice l'uomo con la barba, sinceramente,
anzi, si può dire che dall'inizio sto lavorando in questa
direzione, e come, nell'unico modo possibile, sarebbe,
immaginando l'alternativa possibile, ma davvero, davvero, per questo è tanto importante il sentiero. Le al-
ternative non si immaginano, si creano, barba, sai bene che questo non ci è consentito, e dunque, lascia che
ti dica una cosa, urla testa-a-pera, tu sei il peggiore di
tutti noi, perché dici questo, perché noi tutti facciamo
un lavoro che si può considerare, a torto o a ragione,
sporco. Io credo a ragione, tu a torto. Quindi, sei un
ipocrita, e anzi, per dirla tutta, mi fai alquanto schifo.
Tutto ciò che mi limito a considerare, ribatte l'uomo
con la barba, rientra nell'ambito del cosiddetto libero
arbitrio. Detesto sbattere la porta in faccia alla speranza, ecco tutto. Balle, noi prepariamo il terreno, sei
tu che li scorti al gran salto con le tue belle maniere, la
vostra brutalità è per molti inaccettabile, sai bene che
questa coreografia da fogna non dipende da noi, come
tutto il resto, e proprio perché sai tutto il tuo inganno
è il peggiore. Sino all'ultimo istante, vibra indignato
l'uomo con la barba, lascio loro una possibilità, e allora dimmi quanti ne hanno approfittato, a dire il vero,
in questo momento non ricordo, ma da qualche parte,

negli archivi, ci saranno senz'altro dei casi, balle, balle,
non esiste nessuna speranza, qui non si fa credito a nessuno, è la legge, non sei che un truffatore, la speranza
è credito, la disperazione moneta contante, e perché allora non acqua azzurra acqua chiara con le mani posso
finalmente bere, canticchia l'uomo con la barba, ecco,
trionfa testa-a-pera, ecco il tuo vero volto, barba, e non
c'è tempo per litigare ancora, qualcuno sta entrando nella mia stanza.

Dio, che cattivo odore che c'è qui dentro, ma dor-
mivi per terra, che strana abitudine, aprite la finestra,
non si può, entrerà il sole, protesto, ma che sole e sole,
è passato il tramonto, questo vuol dire che mancano poche ore, a cosa, chiede la donna, niente, niente, bor-
botto, e mi tiro su. Si accorge che la guardo con sospetto, una trentacinquenne cosí grassa da apparire sfatta,
inguainata in un ordinario abitino verde, da grandi ma-
gazzini, i capelli tenuti disordinatamente insieme da una
fascetta, beh, cos'hai da guardare, il tempo passa per
tutti, lei è smorta, osservo, in un certo senso, ammette, e poi, piccata, gonfiando i seni, nemmeno tu sei un
gran bello spettacolo. Ci sono bambini che scorrazzano
per la casa, due, forse tre, sento le loro voci, purché non
disturbino la mamma, non preoccuparti, sanno stare al
mondo, li ho educati come si deve, cosa credi? Signora, signora, lei mi dà del tu, questo lascia intendere una
conoscenza pregressa, ma le dispiacerebbe dirmi chi è
lei, non rassomiglia a nessuna delle zie, e per quanto mi
sforzi di ricordare dove potrei averla incontrata, non
riesco davvero a ricordare, ma la voce, almeno, la mia
voce, implora, ferita, non riconosci la voce? No, dico,
scuotendo la testa, poi noto l'ometto insignificante in
giacca e cravatta che tortura una paglietta sudata bi-
lanciandosi ora su una gamba ora sull'altra, suo marito,
l'incoraggio, ma che dici, protesta lei, possibile che non
lo veda, l'ometto ha un brutto sorriso, la bocca gli sfugge dalla faccia e lui si lancia all'inseguimento mormorando «mi scusi». E va bene, sono Cristina, non è pos-

sibile, vuoi che ti mostri i documenti, o preferisci un altro sistema, e mi bacia, con naturalezza, e riconosco il suo odore fresco, questo, almeno, non ha tempo. Bene, ora che le presentazioni sono esaurite, dimmi tutto, esordisce, tutto cosa, tutto, ci sarà pure un motivo per la mia presenza qui, è quello che mi sto chiedendo da quando sei entrata, senti, mio caro, il tempo non è mai troppo, ma se avessi saputo che era solo uno scherzo non mi sarei precipitata, io non ti ho chiamata, ti sarà passato di mente, minimizza, mentre un'ombra attraversa i suoi limpidi occhi azzurri, sei il solito sbadato, ma non importa, mi piaci cosí, anche se fai di tutto per renderti scontroso. Siedi pure, la invito, ci mancherebbe, fa lei, finta offesa, il fatto è che Cristina non può essere accanto a me, ma non riesco a ricordare perché. Devo considerare la sua presenza un insperato dono di questa giornata eccezionale, un segno inequivocabile che davvero tutto sta riprendendo il suo posto nel mondo. Sei felice, le chiedo, tanto per sbloccare questo silenzio che m'imbarazza, dipende dal significato della felicità, sospira, ho tre bei figli e un lavoro che rende bene, non mi posso lamentare, e mentre parla Cristina si assottiglia, i suoi lineamenti gonfi si distendono, anche il brutto vestito verde trascolora. Com'è brutta questa periferia, sospira lei, una piazzetta dopo l'altra, motorini, negozietti, facce deluse, tutte le periferie sono uguali, rispondo, e fanno tutte schifo, conclude lei, il problema non è quello che ti sta intorno, le spiego, ma quello che ti porti dentro, se avessi un mucchio di soldi e una bellissima casa non mi porrei proprio nessun problema, taglia corto lei. Ha i capelli a caschetto, biondi e vezzosamente mossi in cima, i jeans strappati alle ginocchia e una maglietta scollata che lascia intuire i piccoli seni, sono eccitato e rimpiango di non aver fatto una doccia, come procede il tuo romanzo, quale romanzo, mi guarda stupita, come quale romanzo, ne ho letti tanti di romanzi, dico, generico, non quelli che leggi, quello che stavi scrivendo. Un bambino entra nella stanza, piagnucola per non so

quale feritina, Cristina non lo degna di uno sguardo, il
bambino svanisce, Cristina si sfila la maglietta, e noto
che la fresca fragranza del suo corpo è inquinata da un
vago sentore acidulo. Ma forse sono io, è il mio odore,
mi dico, spero che il piccolo incidente le abbia fatto
passare di mente il romanzo, ma lei insiste, caparbia,
il romanzo della tua generazione, o della tua disperazione, o come diavolo lo chiami, ultimamente non sono stato molto bene, sussurro, e prima, prima ho lavorato per un po' da uno zio, quale zio, il carpentiere, ma
se non sai nemmeno distinguere un chiodo da una vite, si impara presto, ribatto, sussiegoso, il chiodo si
pianta e la vite si gira, Cristina ride e mi scompiglia i
capelli. Per il momento sono salvo, non so proprio di
che romanzo stia parlando. Se avessi tanti soldi mi com-
prerei una villa sul mare, sussurra, e ci metterei senti-
nelle armate ai quattro punti cardinali, con l'ordine di
sparare a vista su tutti gli intrusi, ah, e poi mi piacerebbe fare sette, no, dieci figli e allevarli tutti come piccoli selvaggi, dieci figli sono troppi, dico, e chi ha detto che sarebbero tutti tuoi, ride lei, io invece ho un programma diverso, e quale sarebbe, s'informa sospettosa,
beh, io credo che non sia giusto pensare solo a se stessi, in che senso, scusa, voglio dire, se uno ha tanti soldi è giusto che faccia qualcosa per gli altri, e cosa, non
lo so, qualcosa, e per quali altri, ma che ne so, i pove-
ri, quelli che soffrono, cioè noi, conclude Cristina, non
ci avevo pensato, questo è un tuo difetto, pensi troppo, e non concludo niente, comunque i chiodi si battono e le viti si girano. Voglio fare l'amore, dico, dopo, dice lei, dopo cosa, dopo questo, dice, e c'è un pac-
chettino bianco tra le sue dita. Un raggio di sole
s'insinua tra i lobi delle sue piccole orecchie, Cristina
è nuda e le tengo il braccio mentre le siringhe stantuf-
fano le vene, e ricordo, non puoi essere qui, non tu,
Cristina, l'odore acido ora riempie la stanza, lei è scos-
sa dai singhiozzi, Cristina vomita, l'odore è la bava
bianca che le si sta cristallizzando intorno agli angoli
della bocca, fa un grande freddo, e lui è l'uomo-Mi-

chelin, dalle gomme che lo circondano spuntano lingue
biforcute di serpenti, questa ragazza sta molto male,
osserva, compunto, tutto quello che sognava era un po'
di felicità, sospiro, come distruttore hai un luminoso
avvenire, ragazzo, dice l'uomo con la barba ben curata, e risparmiami le banalità del tipo «Io non volevo,
io non sapevo, è stata lei a cominciare, la roba la com-
perava sempre lei» e via dicendo, sei in un brutto guaio,
guarda. Cristina, Cristina, non potevi essere davvero
tu, io c'ero quando gli occhi ti sono scoppiati, quando
la lingua ti s'è divelta dal palato, quando i denti ti hanno abbandonata, quando le unghie sono cadute una dopo l'altra, questo particolare è inesatto, puntualizza pe-
dante l'uomo-Michelin, le unghie hanno continuato a
crescere per un paio di mesi dopo la sepoltura, e cosí
sarà anche per lei, le unghie e i capelli, ma cosa devo
fare, aiutami, imploro, lei è uno scheletro, ribatte, implacabile, qui dentro c'è cattivo odore, dice la mamma,
e apre anche lei la finestra, guarda, è già buio, ma io
dico si possono gettare cosí le giornate, hai ragione,
quasi urlo, alzandomi a fatica, lei mi guarda stupita,
hai ragione, ripeto, piú dolce, vestiti, andiamo a mangiare un gelato. L'uomo con la barba curata, nello specchio, annuisce, e, pensa, dice, pensa com'è invidiabile
il destino di chi sfugge a una cosí triviale banalità, al
mio ritorno, minaccio, non voglio piú vederti qui, dipende solo da te, sbuffa, stringendosi nelle spalle, mancano appena quattro ore.

Cioccolato, stracciatella e nocciola per me, cioccolato, pistacchio e zuppa inglese per lei, ho deciso di riprendere quel mio romanzo, le dico, buona idea, sorride lei, è la storia di un ragazzo molto intelligente, un
chimico, e che cosa fa questo ragazzo, una scoperta sensazionale, che scoperta, una droga meravigliosa. Alla
parola droga lei s'irrigidisce, ma la rassicuro subito, una
droga per modo di dire, piuttosto una sostanza chimi-
ca, tutte le droghe lo sono, ma questa è proprio speciale, pensa che rende felice colui che l'assume, e fa re-

cuperare la memoria a chi l'ha persa, e leva l'appetito
ai ciccioni, e fa passare l'Aids ai sieropositivi e, ag-
giungo, a voce bassissima, uccide il cancro. Vorrei che
esistesse davvero una cosa cosí, sospira, e mi prende
una mano, i suoi occhi sono umidi, la mano è calda,
mamma, dico, ho voglia di piangere, mamma, ed è allora che li vedo. Sono seduti alle sue spalle, occupano
silenziosi una lunga tavolata e stanno spolpando qualcosa di sanguinolento, un corpo ancora vivo, a giudi-
care dai sussulti. Il piú accanito è l'uomo con la barba
curata, testa-a-pera sembra disinteressarsi della carne,
tutto preso com'è a bere un bicchiere dopo l'altro di
sangue, il coccodrillo allunga zampate sulla schiena di
quello con le tre gambe e all'unisono tutti e quattro si
voltano verso di me e si mettono ad applaudire, ma non
è me che guardano, è il generale guercio, ha tra le mani una lunga, livida gamba e quando arriva all'altezza
della tavolata, con un gesto secco la spezza in due.
Cos'hai, che ti succede, niente, mamma, ho qualche
problema con il finale del romanzo, che ne diresti di
un'isola deserta dove il protagonista si ritira a vivere
con la donna che ama, mi piace, sorride lei, a patto che
si portino appresso anche la mamma, questo va da sé,
ammesso, conclude, che la mamma ci sia ancora. Mentre usciamo dalla gelateria, l'uomo con la barba ben curata accenna a un saluto: ha la bocca impastata di sangue, mastica con gusto un occhio azzurro.

I dolori sono iniziati quasi subito, aveva appena acceso la tv, davano il concerto sotto le stelle di ferragosto. C'è voluta un'altra iniezione, ma i dolori non volevano saperne di calmarsi. Le ho massaggiato per un
po' la schiena, ma non riusciva a trovare pace, in nessuna posizione. Se almeno tutto questo finisse, ha sospirato, non m'importa molto di morire, non per me,
è a te che penso sempre, ma cosa dici, ho cercato di te-
nermi su un tono scherzoso, ma lo sguardo le si andava velando di lacrime, i dottori dicono che migliori,
non è stata una gran vita, ha risposto, ti apro la porta-

finestra, ho suggerito, va' a riprendere il tuo romanzo, prima che ti passi la voglia. Gli amici ti salutano, sorride l'uomo con la barba ben curata, e si scusano per la loro assenza, la cena è stata un po' pesante, ma noi due ce la caveremo benissimo lo stesso, non voglio farlo, urlo, e sto per scagliarmi contro quell'espressione di partecipe ipocrisia, ma un torpore malsano mi paralizza, non sono questi i sistemi adatti, ragazzo, e poi non manca che una manciata di minuti, ricorda quello che ti è stato detto a proposito della cucina, non voglio ricordarlo, non importa, sospira, era prevedibile, tieni. È il grosso coltello con il quale fu tagliata la torta della mia prima comunione, maneggiarlo mi procura una strana sensazione, qualcosa a metà tra un dolore acutissimo e un'ebete rassegnazione, non occorre provarlo, abbiamo accuratamente verificato lama, filo e impugnatura, piuttosto dovresti affrettarti, abbiamo delle scadenze da rispettare, perché gli altri non sono venuti, chiedo, stai cercando di guadagnare tempo, sorride lui, è comprensibile, diciamo che solo uno poteva essere il prescelto, perché proprio tu, forse perché sono il piú presentabile, non eri tanto piú presentabile di loro, prima, a tavola, la vile materia, si giustifica, allargando le braccia, ha le sue prave necessità, e adesso su, andiamo, sai dove. Sarà doloroso, m'informo, mentre mi guida verso il balcone, non ne ho idea, non dirmi che per te è la prima volta, certo che lo è, ammette, candido, cosa credi, storie come questa non sono cosí semplici da organizzare, c'è una cosa che mi sono sempre chiesto, lo provoco, arrestandomi di botto davanti al televisore, avanti, incoraggia lui, ma è chiaro che sta perdendo la pazienza, perché in questo modo, che ti devo dire, ciascuno agisce secondo la propria sensibilità, cioè dipenderebbe da me, in parte, in massima parte, allora avrei preferito che qui ci fosse testa-a-pera, è un problema che ci siamo posti, annuisce, grave, ma ci sarebbero state delle difficoltà, di che genere, chiedo, qualcosa tipo un eccessivo coinvolgimento personale, cerca di vederla dalla nostra parte, l'intera ope-

razione rischiava di andare a monte, e adesso basta con
gli indugi, prendi il coltello ben saldo con la destra, sí,
cosí, ricorda che i primi due colpi dovranno essere da
destra a sinistra e da sinistra a destra. Ho la mano sul
suo collo, sento la barba morbida e mi accorgo che non
c'è il minimo segno di tremore o di paura in lui, un'ultima cosa, dico, alzando l'arma, non c'è piú tempo, rug-
gisce lui, e allora vibro il primo fendente facendo attenzione a non cedere all'ultimo istante.

   È già tutto finito, tutto finito, ho riso, incredulo, e
lui, disteso con la testa penzoloni, per la statistica, il
tutto, o l'azione, se meglio credi, dura invariabilmen-
te tra i settanta e i cento secondi, un minuto e dieci,
un minuto e quaranta, ho continuato a ridere, in crescendo, con una vena d'isterismo che lui ha considerato con l'aria un po' perplessa, poi ha mormorato qualcosa che non sono riuscito a comprendere e ha intinto
un dito nella pozza di sangue, è sembrato sul punto di
assaggiare ma alla fine ha rinunciato. E allora sono
esplose le voci, e i colpi hanno cominciato a risuonare,
stridule le prime, cupi i secondi, senti, ho sussurrato,
c'è qualcuno che vuole entrare, sul momento sembrava disinteressato, quando mi sono avviato verso la porta d'ingresso s'è animato, fermati, che fai, apro, ho risposto semplicemente, non ancora, non ancora, ma ormai è tutto finito, lasciati pregare, ha insistito, ed era
un ordine, ma cosa c'è ancora, ho sbuffato, spazienti-
to, bene, ha sorriso, in un modo o nell'altro da qui do-
vrò andarmene, prima... prima di cosa, ho chiesto, oh,
niente d'importante, ha risposto, è solo per il decoro,
la rispettabilità, le forme hanno un'importanza soprav-
valutata, a questo mondo, ma tanto vale rispettare un
minimo di apparenza. E a quelli là fuori che gli dico,
ho implorato, inventa una scusa, ha sussurrato, e poi
vieni a darmi una mano, un momento, ho gridato, mentre i colpi si affievolivano, e qualcuno domandava c'è
nessuno, un momento solo, vengo, vengo, e sono tornato sui miei passi, ma non voglio aiutarti, ho precisa-

to, considerami uno spettatore passivo, come ti pare, posso cavarmela anche da solo, e comunque questo non faceva parte degli accordi, ho detto, ma già meno convinto, questo cosa, ha chiesto, simulando la piú totale indifferenza, questa ulteriore fase, ho puntualizzato, sforzandomi di essere quanto piú preciso, oh, se lo dici tu, ha lasciato cadere, stai preparando qualcuno dei tuoi trucchi, ho urlato, sst, ha tagliato corto, seccato, ma anche preoccupato, piantiamola di litigare come due ragazzini, tutto ciò che ti chiedo è una modesta collaborazione, e sia. Per prima cosa mi ha mandato in bagno a lavarmi, levati tutto quel sangue e cambiati almeno la maglietta, e solo davanti allo specchio ho riflettuto che, in fondo, lui doveva passarsela molto peggio di me, e ho lasciato cadere il sapone e sono tornato di là, il petto nudo e ancora striato di macchie rosse. Cercava di risollevarsi, un po' affaticato, aiutami ad avvitarla bene, ha ordinato, ma in tono gentile, e c'è voluto qualche minuto perché la testa ritornasse al suo posto, le cicatrici scomparivano rapide e infine, con un sorriso elastico, ha riconquistato la posizione eretta. È stato molto... ho azzardato, molto doloroso, ha completato, sí, molto doloroso, mah, ha sbuffato, i primi colpi sembrano sempre una sorpresa, per quanto uno possa essere concentrato, poi finisce che il resto nemmeno lo avverti, parli in modo strano, ho osservato, mi capita sempre dopo, ha sottolineato, e in tutti i modi, il polso era fermo e i fendenti decisi, è sembrato complimentarsi. Aprite, avanti, o sfondiamo la porta, le voci stridule e i colpi fusi in un'unica sonorità reboante, e adesso che faccio, ho chiesto, smarrito, abbiamo perso un mucchio di tempo, s'è rammaricato, pettinandosi la barba con uno strano strumento che tratteneva fili di sangue e di muco, avremmo dovuto provvedere all'ambiente, che intendi dire, lí sul tavolino ci dovrebbe essere una bottiglia di vino semivuota, o semipiena, se preferisci, e tu dovresti indossare una maglietta pulita mantenendo gli stessi calzoni un po' sformati che ti piace tanto indossare, la televisione dovrebbe

trasmettere una canzone idiota o un notiziario ancora
piú idiota, da quella lampada da notte di stile dubbio
dovrebbe riflettersi un tenue lucore malato, dalla finestra, spalancata, dovrebbero penetrare zaffate di ca-
lura umida e l'eco di un brusío crescente, parli come
un regista, l'ho interrotto, la forma, la forma, ha de-
clamato, ispirato, e in definitiva, ha concluso, lancian-
do un'occhiata panoramica allo scenario, va bene anche cosí. Allora apro, ho detto, deciso, e mi sono di-
retto verso la porta, colpi e grida ormai al parossismo.
Aspetto che la sua voce mi fermi, non so perché, lo so,
anzi, per ritardare il momento della ragione, o forse per
prolungare l'attesa d'ombra di questa frontiera, ma non
accade nulla, e quando mi volto per interrogarlo, non
vedo che le vecchie tende sporche mosse da una brez-
za afosa, è semplicemente scomparso. Vado a sedermi
da qualche parte e aspetto che sfondino la porta.

Intorno alle ore 22.00 del 15 agosto 1999, MARCO
TORRISI accoltellava ripetutamente la madre, MARIA,
provocandone la morte. Alcuni agenti di polizia, intervenuti dietro segnalazione di vicini, per raggiungere la scena del delitto dovevano scardinare la porta blin-
data dell'appartamento sito in zona Casal del Marmo,
ed altri erano costretti a penetrarvi da una finestra
esterna: MARCO TORRISI aveva chiesto tempo prima di
aprire la porta dall'interno, e, in effetti, non l'aveva
aperta.

Agli agenti intervenuti, si presentava la seguente scena: la povera vittima era sul balconcino di casa, attin-
ta da due fendenti vibrati con un coltello da cucina al
collo, e da altri nove colpi su tutto il corpo.

TORRISI, in stato confusionale, sedeva inebetito e
prostrato, incapace di articolare una coerente spiega-
zione circa il gesto che aveva appena compiuto.

Dovunque, all'interno della casa, vi erano macchie
di sangue: un paio di pantaloni, anch'essi sporchi di
sangue, erano stati lasciati dall'imputato all'interno della vasca da bagno.

Interrogato nel corso della notte sui motivi del suo gesto, TORRISI riferiva di aver ucciso la propria madre per alleviarne le sofferenze, in quanto la vittima era affetta da una grave forma di tumore. TORRISI riferiva inoltre di essere stato tossicodipendente da eroina sino a tre anni prima, e di assumere attualmente Cardiazol ed alcool in notevoli dosi.

Circa le modalità dell'omicidio, riferiva: «Mia madre si stava portando verso il balcone ed io l'ho aggredita alle spalle di sorpresa bloccandola con un braccio, e con l'altra mano ho utilizzato il coltello come una sega tagliandole la gola». Aggiungeva l'imputato di non aver certo ucciso la persona che piú amava per i soldi, ma perché la madre «diceva spesso che se anche moriva non le importava niente purché non continuasse a soffrire». Circa i rapporti con la vittima, l'indiziato si diceva molto affezionato a lei, che usava però rimproverarlo perché non aveva lavoro.

Mi avevi promesso un mondo perfetto, ho urlato, sbattendolo contro il muro della cella, dimentichi che la perfezione non è di questo mondo, ha sogghignato, beffardo, lei mi manca, ho detto, piú calmo, o forse rassegnato, sapessi a me, ha riso lui, e poi l'ho visto preparare la valigetta, un'anonima ventiquattr'ore. C'erano dentro un costume da coccodrillo, un arto artificiale pieghevole, una benda nera, una biglia colorata d'azzurro, una maschera a forma di pera. Ti basterà fare un fischio e io verrò di corsa, ha detto, prima di scomparire attraverso il muro. Sul tavolino accanto al bugliolo ha lasciato un bottiglione di vino bianco e cinque scatole di Cardiazol.

Indice

p. 5   Who's the monster?

31   Sabato sera

55   Cassandra

84   Teneri assassini

108   Il mago

133   Dove tutto è cominciato

Stampato per conto della Casa editrice Einaudi
presso Mondadori Printing S.p.A., Stabilimento N.S.M., Cles (Trento)

C.L. 17981

Edizione							Anno			
7	8	9	10	11	12		2008	2009	2010	2011

Einaudi Tascabili

Ultimi volumi pubblicati:

516 Fo, *Marino libero! Marino è innocente* (Stile libero).

517 Rigoni Stern, *Uomini, boschi e api* (3ª ed.).

518 Acitelli, *La solitudine dell'ala destra* (Stile libero).

519 Merini, *Fiore di poesia* (3ª ed.).

520 Borges, *Manuale di zoologia fantastica*.

521 Neruda, *Confesso che ho vissuto* (2ª ed.).

522 Stein, *La civiltà tibetana* (2ª ed.).

523 Albanese, Santin, Serra, Solari, *Giú al Nord* (Stile libero).

524 Ovidio, *Versi e precetti d'amore*.

525 Amado, *Cacao* (2ª ed.).

526 Queneau, *Troppo buoni con le donne*.

527 Pisón, *Strade secondarie* (Stile libero).

528 Maupassant, *Racconti di provincia*.

529 Pavese, *La bella estate* (4ª ed.).

530 Ben Jelloun, *Lo specchio delle falene*.

531 Stancanelli, *Benzina* (Stile libero) (2ª ed.).

532 Ellin, *Specchio delle mie brame* (Vertigo).

533 Marx, *Manifesto del Partito Comunista* (3ª ed.).

534 Del Giudice, *Atlante occidentale*.

535 Soriano, *Fútbol* (4ª ed.).

536 De Beauvoir, *A conti fatti*.

537 Vargas Llosa, *Lettere a un aspirante romanziere* (Stile libero).

538 aa.vv., *Schermi dell'incubo* (Vertigo).

539 Nove, *Superwoobinda* (Stile libero) (2ª ed.).

540 Revelli, *L'anello forte*.

541 Lermontov, *L'eroe del nostro tempo* (Serie bilingue).

542 Behn, *Oroonoko* (Serie bilingue).

543 McCarthy, *Meridiano di sangue*.

544 Proust, *La strada di Swann*.

545 Vassalli, *L'oro del mondo*.

546 Defoe, *Robinson Crusoe* (2ª ed.).

547 Madieri, *Verde acqua. La radura*.

548 Amis, *Treno di notte*.

549 Magnus, *Lo sconosciuto* (Stile libero) (2ª ed.).

550 aa.vv., *Acidi scozzesi* (Stile libero).

551 Romano, *Tetto murato*.

552 Frank, *Diario. Edizione integrale.* (4ª ed.).

553 Pavese, *Tra donne sole* (2ª ed.).

554 Banks, *Il dolce domani*.

555 Roncaglia, *Il jazz e il suo mondo*.

556 Turgenev, *Padri e figli*.

557 Mollica, *Romanzetto esci dal mio petto*.

558 Metraux, *Gli Inca*.

559 *Zohar. Il libro dello splendore*.

560 Auster, *Mr Vertigo*.

561 De Felice, *Mussolini l'alleato 1943-45.*
    II. *La guerra civile*.

562 Robbe-Grillet, *La gelosia*.

563 Metter, *Ritratto di un secolo*.

564 Vargas Llosa, *Conversazione nella «Catedral»*.

565 Wallace, *La ragazza con i capelli strani* (Stile libero) (3ª ed.).

566 Enzensberger, *Il mago dei numeri* (4ª ed.).

567 Roth, *Operazione Shylock*.

568 Barnes, *Amore, ecc*.

569 Zolla, *Il dio dell'ebbrezza* (Stile libero).

570 Evangelisti, *Metallo urlante* (Vertigo).

571 Manchette, *Fatale* (Vertigo).

572 De Filippo, *Cantata dei giorni pari*.

573 Sfiga all'OK-Corral. A cura di Stefano Bartezzaghi (Stile libero) (2ª ed.).

574 Spettri da ridere. A cura di Malcolm Skey.

575 Yehoshua, Ritorno dall'India (3ª ed.).

576 Lunario dei giorni d'amore. A cura di Guido Davico Bonino (2ª ed.).

577 Ricci, Striscia la tivú (Stile libero).

578 Ginzburg, Le piccole virtú (3ª ed.).

579 Hugo, I miserabili (2 volumi).

580 I fioretti di san Francesco.

581 Ovadia, L'ebreo che ride (Stile libero) (5ª ed.).

582 Pirro, Soltanto un nome sui titoli di testa.

583 Labranca, Cialtron Hescon (Stile libero).

584 Burton, La morte malinconica del bambino ostrica e altre storie (Stile libero) (3ª ed.).

585 Dickens, Tempi difficili.

586 Letteratura e poesia dell'antico Egitto. A cura di Edda Bresciani.

587 Mancinelli, I casi del capitano Flores. Persecuzione infernale.

588 Vinci, In tutti i sensi come l'amore (Stile libero) (3ª ed.).

589 Baudelaire, I fiori del male e altre poesie (Poesia) (2ª ed.).

590 Vacca, Consigli a un giovane manager (Stile libero).

591 Amado, Sudore.

592 Desai, Notte e nebbia a Bombay.

593 Fortunato, Amore, romanzi e altre scoperte.

594 Mattotti e Piersanti, Stigmate (Stile libero).

595 Keown, Buddhismo.

596 Solomon, Ebraismo.

597 Blissett, Q (Stile libero) (4ª ed.).

598 Solženicyn, Una giornata di Ivan Denisovič. La casa di Matrjona. Alla stazione.

599 Conrad, Vittoria.

600 Pavese, Dialoghi con Leucò (2ª ed.).

601 Mozzi, Fantasmi e fughe (Stile libero).

602 Hilberg, La distruzione degli Ebrei d'Europa. Nuova edizione riveduta e ampliata (2 voll.).

603 Fois, Ferro recente.

604 Borges-Casares, Cronache di Bustos Domecq.

605 Nora K. - Hösle, Aristotele e il dinosauro. La filosofia spiegata a una ragazzina (Stile libero) (2ª ed.).

606 Merini, Favole Orazioni Salmi.

607 Lane Fox, Alessandro Magno (2ª ed.).

608 Stuart, Zona di guerra (Stile libero).

609 Márquez, Cronaca di una morte annunciata.

610 Hemingway, I quarantanove racconti.

611 Dostoesvkij, Il giocatore.

612 Zaimoglu, Schiuma (Stile libero).

613 DeLillo, Rumore bianco (2ª ed.).

614 Dick, In terra ostile (Vertigo).

615 Lucarelli, Mistero blu (Stile libero) (2ª ed.).

616 Nesse-Williams, Perché ci ammaliamo (Grandi Tascabili).

617 Lavie, Il meraviglioso mondo del sonno (Grandi Tascabili).

618 Naouri, Le figlie e le loro madri (Grandi Tascabili).

619 Boccadoro, Musica Cœlestis (Stile libero con CD).

620 Bevilacqua, Beat & Be bop (Stile libero con CD).

621 Hrabal, Una solitudine troppo rumorosa (2ª ed.).

622 McEwan, L'amore fatale (4ª ed.).

623 James, Daisy Miller (Serie bilingue).

624 Conrad, Cuore di tenebra (Serie bilingue).

625 Marìas, Un cuore cosí bianco (2ª ed.).

626 Burgess, Trilogia malese.

627 Saramago, *Viaggio in Portogallo* (3ª ed.).

628 Romano, *Inseparabile*.

629 Ginzburg, *Lessico famigliare* (2ª ed.).

630 Bassani, *Il giardino dei Finzi-Contini* (2ª ed.).

631 Auster, *Mr Vertigo* (3ª ed.).

632 Brautigan, *102 racconti zen* (Stile libero) (2ª ed.).

633 Goethe, *Cento poesie* (Poesia).

634 McCarthy, *Il buio fuori*.

635 Despentes, *Scopami* (Stile libero).

636 Denti, *Lasciamoli leggere*.

637 *Passione fatale*. A cura di Guido Davico Bonino (2ª ed.).

638 Roth, *Il teatro di Sabbath*.

639 Battisti, *L'orma rossa* (Vertigo).

640 Moncure March e Spiegelman, *The Wild Party* (Stile libero).

641 Šalamov, *Racconti* (2 voll.).

642 Beauvoir (de), *Una donna spezzata* (2ª ed.).

643 San Paolo, *Le lettere*.

644 Rigoni Stern, *Sentieri sotto la neve*.

645 Borges, *Evaristo Carriego*.

646 D'Arzo, *Casa d'altri e altri racconti*.

647 Grass, *Il Rombo*.

648 Raphael, *Eyes Wide Open* (Stile libero).

649 aa.vv., *Sepolto vivo*.

650 Benigni-Cerami, *La vita è bella* (Stile libero con videocassetta).

651 Odifreddi, *Il Vangelo secondo la Scienza* (5ª ed.).

652 Ruthven, *Islām*.

653 Knott, *Induismo*.

654 De Carlo, *Due di due* (3ª ed.).

655 Bunker, *Cane mangia cane* (Stile libero).

656 Olievenstein, *Nascita della vecchiaia* (Grandi Tascabili).

657 Thomas, *Ritratto dell'artista da cucciolo*.

658 Beckett, *Le poesie* (Poesia).

659 Paolini - Ponte Di Pino, *Quaderno del Vajont* (Stile libero con videocassetta) (5ª ed.).

660 Magris, *L'anello di Clarisse*.

661 Stendhal, *Armance*.

662 Albanese, *Giú al Nord* (Stile libero con videocassetta).

663 Lodoli, *Fuori dal cinema*.

664 Melville, *Clarel*.

665 Englander, *Per alleviare insopportabili impulsi* (3ª ed.).

666 Richardson, *Che cos'è l'intelligenza* (Grandi Tascabili).

667 Wieviorka, *Auschwitz spiegato a mia figlia* (3ª ed.).

668 *Lunario di fine millennio*. A cura di Guido Davico Bonino.

669 Amado, *I padroni della terra*.

670 *Poesie di Dio*. A cura di Enzo Bianchi (2ª ed.).

671 Wall, *Perché proviamo dolore* (Grandi Tascabili).

672 Le Goff, *San Luigi*.

673 *Mistica ebraica*. A cura di Giulio Busi ed Elena Loewenthal.

674 Byatt, *La Torre di Babele*.

675 *I libri della Bibbia. Esodo*.

676 *I libri della Bibbia. Vangelo secondo Luca*.

677 *I libri della Bibbia. Cantico dei Cantici*.

678 Grossman, *Vedi alla voce: amore*.

679 Lennon, *Vero amore* (Stile libero).

680 *Antologia della poesia italiana. Duecento*. Diretta da C. Segre e C. Ossola.

681 *Antologia della poesia italiana. Trecento*. Diretta da C. Segre e C. Ossola

682 Cerami-Piovani, *Canti di scena* (Stile libero con CD).

683 De Simone, *La gatta Cenerentola* (Stile libero con videocassetta) (2ª ed.).

684 Fo, *Lu Santo Jullare Françesco*. A cura di Franca Rame (Stile libero con videocassetta) (2ª ed.).

685 De André, *Parole e canzoni* (Stile libero con videocassetta).

686 Garboli, *Trenta poesie famigliari di Giovanni Pascoli*.

687 Yehoshua, *Viaggio alla fine del millennio.*

688 Fortunato, *L'arte di perdere peso.*

689 Estep, *Diario di un'idiota emotiva* (Stile libero).

690 Mollica, *Fellini. Parole e disegni* (Stile libero).

691 Gras-Rouillard-Teixidor, *L'universo fenicio.*

692 Marías, *Domani nella battaglia pensa a me.*

693 Hirigoyen, *Molestie morali* (Grandi Tascabili).

694 De Cataldo, *Teneri assassini* (Stile libero).

695 Blisset, *Totò, Peppino e la guerra psichica. Mind invaders* (Stile libero).

696 Wilde, *Il ritratto di Dorian Gray.*

697 Cantoni-Ovadia, *Ballata di fine millennio* (Stile libero con CD).

698 Desai, *In custodia.*

699 Fenoglio, *Un giorno di fuoco.*

700 Muhammad Ali, *Quando eravamo re* (Stile libero con videocassetta).

701 *Il libro di David Rubinowicz.*

702 *I libri della Bibbia. Genesi.*

703 *I libri della Bibbia. Lettera ai romani.*

704 Nori, *Bassotuba non c'è* (Stile libero).

705 Almodóvar, *Tutto su mia madre* (Stile libero).

706 Vassalli, *3012. L'anno del profeta.*

707 Svevo, *Una vita.*

708 McEwan, *Amsterdam.*

709 Lobo Antunes, *In culo al mondo.*

710 *Io, Pierre Rivière.* A cura di Michel Foucault.

711 Wallace, *Brevi interviste con uomini schifosi* (Stile libero).

712 Lussu, *Un anno sull'Altipiano* (2ª ed.).

713 Keshavjee, *Il Re, il Saggio e il Buffone.*

714 Scarpa, *Cos'è questo fracasso* (Stile libero).

715 Roth, *Lamento di Portnoy.*

716 Pavese, *Il mestiere di vivere.*

717 Maupassant, *Boule de suif* (Serie bilingue).

718 Rea, *L'ultima lezione.*

719 Pacoda, *Hip Hop italiano* (Stile libero con CD).

720 Eldredge, *La vita in bilico* (Grandi Tascabili).

721 Ragazzoni, *Buchi nella sabbia e pagine invisibili. Poesie e prose.*

722 Beccaria, *I nomi del mondo.*

723 Onofri, *Registro di classe* (Stile libero).

724 Blisset, *Q* (Stile libero). Nuova edizione.

725 Kristof, *Trilogia della città di K.*

726 Lucarelli, *Guernica* (Stile libero).

727 Manchette, *Nada* (Stile libero).

728 Coetzee, *Aspettando i barbari.*

729 Clausewitz, *Della guerra.*

730 Boncinelli, *Le forme della vita* (Grandi Tascabili).

731 Del Giudice, *Staccando l'ombra da terra.*

732 *I libri della Bibbia. Vangelo secondo Matteo.*

733 *I libri della Bibbia. Qohélet o l'Ecclesiaste.*

734 Bevilacqua, *La polvere sull'erba.*

735 Nietzsche, *Le poesie.*

736 Rigoni, *Notturno bus* (Stile libero).

737 Adinolfi, *Mondo exotico* (Stile libero).

738 De Carlo, *Macno.*

739 Landi, *Manuale per l'allevamento del piccolo consumatore* (Stile libero).

740 Fois, *Meglio morti.*

741 Angot, *L'incesto* (Stile libero).

742 Pavese, *Il mestiere di vivere.*

743 DeLillo, *Underworld.*

744 Orengo, *Spiaggia, sdraio e solleone* (Stile libero).

745 Rogers, *Sesso e cervello* (Grandi Tascabili).

746 Pavese, *La luna e i falò.*

747 Salgari, *Il corsaro nero*.

748 Maraini, *La vacanza*.

749 Thiess, *Tsushima*.

750 Mancinelli, *Attentato alla Sindone*.

751 Blady-Roversi, *Turisti per caso*
(Stile libero).

752 *Antologia della poesia italiana.
Quattrocento*. Diretta da Cesa-
re Segre e Carlo Ossola.

753 Miller, *Slob* (Stile libero).

754 Gončarov, *Oblomov*.

TS 001 1324288

E2332
TENERI
ASSASSINI
DE CATALDO

7° ED SL/NOIR
EINAUDI